Ja, ik memoriseer de Edele Qor'aan op school,	• نَعَمْ. أَحْفَظُ الْقُرْآنَ الْكَرِيمَ فِي الْمَدْرَسَةِ،
en ik herhaal de Edele Qor'aan in de moskee.	وَأُرَاجِعُ الْقُرْآنَ الْكَرِيمَ فِي الْمَسْجِدِ.

Ga jij naar school, Maryam?	- هَلْ تَذْهَبِينَ إِلَى الْمَدْرَسَةِ يَا مَرْيَمُ؟
Ja, ik ben een leerlinge in de eerste klas.	• نَعَمْ. أَنَا تِلْمِيذَةٌ فِي الْفَصْلِ الْأَوَّلِ.
En wat leer je in de eerste klas?	- وَمَاذَا تَتَعَلَّمِينَ فِي الْفَصْلِ الْأَوَّلِ؟
Ik leer lezen en schrijven.	• أَتَعَلَّمُ الْقِرَاءَةَ وَالْكِتَابَةَ.
Vind je het fijn op school, Maryam? (letterlijk: houd je van school?)	- هَلْ تُحِبِّينَ الْمَدْرَسَةَ يَا مَرْيَمُ؟
Ja, ik houd van school.	• نَعَمْ. أُحِبُّ الْمَدْرَسَةَ.
Mijn juf is heel lief.	مُعَلِّمَتِي لَطِيفَةٌ جِدًّا.

GRAMMATICAREGELS الْقَوَاعِدُ النَّحْوِيَّةُ

الِاسْمُ وَالْفِعْلُ وَالْحَرْفُ

الِاسْمُ: مُحَمَّدٌ. رَجُلٌ. قِطَّةٌ. طَائِرَةٌ. تِلْمِيذٌ. خَضْرَوَاتٌ. نِسَاءٌ. مِصْبَاحٌ...

الْفِعْلُ: يَفْتَحُ. يَصْعَدُ. يَنْزِلُ. اِرْكَبْ. اِجْلِسْ. أُدْرُسْ...

الْحَرْفُ: فِي، عَلَى، مِنْ، مَا، لَمْ، هَلْ...

حَرَكَاتُ آخِرِ الْكَلِمَةِ: الْإِعْرَابُ.

عَلَامَاتُ الْإِعْرَابِ أَرْبَعَةٌ: الضَّمَّةُ، وَالْفَتْحَةُ، وَالْكَسْرَةُ، وَالسُّكُونُ.

- الضَّمَّةُ عَلَامَةُ الرَّفْعِ => الْكِتَابُ. الشَّجَرَةُ. قَلَمٌ. بِنْتٌ. هَذِهِ كَلِمَاتٌ مَرْفُوعَةٌ.

- الْفَتْحَةُ عَلَامَةُ النَّصْبِ=> الْكِتَابَ. الشَّجَرَةَ. قَلَمًا. بِنْتًا. هَذِهِ كَلِمَاتٌ مَنْصُوبَةٌ.

- الْكَسْرَةُ عَلَامَةُ الْجَرِّ=> الْكِتَابِ. الشَّجَرَةِ. قَلَمٍ. بِنْتٍ. هَذِهِ كَلِمَاتٌ مَجْرُورَةٌ.

- السُّكُونُ عَلَامَةُ الْجَزْمِ => يَكْتُبْ. يَدْرُسْ. يَحْفَظْ. هَذِهِ كَلِمَاتٌ مَجْزُومَةٌ.

BEGRIJPEN EN SCHRIJVEN   اَلْفَهْمُ والْكِتَابَة

1. Beantwoord de vragen.   1. أُجِيبُ عَنِ الْأَسْئِلَة.

1. مَتَى تَبْدَأُ السَّنَةُ الدِّرَاسِيَّةُ؟

2. أَيْنَ يَدْرُسُ مُحَمَّدٌ؟

3. مَاذَا يَتَعَلَّمُ مُحَمَّدٌ فِي الْمَدْرَسَةِ؟

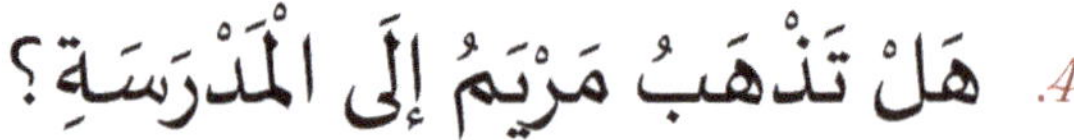

4. هَلْ تَذْهَبُ مَرْيَمُ إِلَى الْمَدْرَسَةِ؟

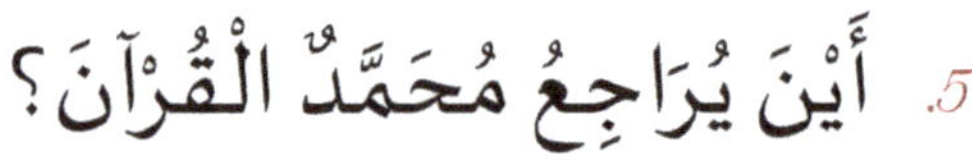

5. أَيْنَ يُرَاجِعُ مُحَمَّدٌ الْقُرْآنَ؟

6. هَلْ تَدْرُسُ مَرْيَمُ فِي الْفَصْلِ الثَّالِثِ؟

2. Schrijf het juiste woordje:　　أَكْتُبُ: اِسْمٌ – فِعْلٌ – حَرْفٌ .2

6. هَلْ		1. إِبْرَاهِيمُ ....
7. يَا		2. يَتَعَلَّمُ ....
8. الْكَرِيمُ		3. مُعَلِّمَةٌ ....
9. تُحِبِّينَ		4. الْمَدْرَسَةُ ....
10. أُرَاجِعُ		5. فِي ....

أَكْتُبُ حَرَكَةَ الْإِعْرَابِ مِنَ الْكَلِمَةِ الْمَلَوَّنَةِ: .3

3. Schrijf harakatul i'raab van het gekleurde woordje:

الضَّمَّةُ/مَرْفُوعٌ – الْفَتْحَةُ/مَنْصُوبٌ – الْكَسْرَةُ/مَجْرُورٌ – السُّكُونُ/مَجْزُومٌ

1. الْقَمِيصُ جَدِيدٌ.　　الضَّمَّةُ/مَرْفُوعٌ

2. الْبِنْتُ تَشْرَبُ حَلِيبًا وَمَاءً.　　........................

3. مَنْ هَذَا الرَّجُلُ؟　　........................

4. أَنَا أَذْهَبُ إِلَى الْمَسْجِدِ.　　........................

5. لَمْ أَكْتُبْ دَرْسِي.　　........................

6. أَمِينٌ يَأْكُلُ الْخُبْزَ.　　........................

7. قَرَأْتُ فِي كِتَابٍ.　　........................

4. Maak af in de tegenwoordige tijd: ik – wij   ‫4. أُكْمِلُ المُضَارِعَ: أَنَا – نَحْنُ:‬

نَحْنُ نَحْفَظُ	أَنَا أَحْفَظُ	1. يَحْفَظُ
نَحْنُ	أَنَا	2. يَدْرُسُ
نَحْنُ	أَنَا	3. يَتَعَلَّمُ
نَحْنُ	أَنَا	4. يَكْتُبُ
نَحْنُ	أَنَا	5. يَقْرَأُ
نَحْنُ	أَنَا	6. يَجْلِسُ
نَحْنُ	أَنَا	7. يَبْدَأُ
نَحْنُ	أَنَا	8. يَذْهَبُ

LESJE 2: SCHOOLSPULLEN — اَلدَّرْسُ الثَّانِي: أَدَوَاتُ الْمَدْرَسَةِ

أَدَوَاتٌ - مِقْلَمَةٌ - مِقَصٌّ - مِمْحَاةٌ - مِبْرَاةٌ - مَسَّاحَةٌ

Lezen — اَلْقِرَاءَةُ

Wat is dit, Maryam?	- مَا هَذَا يَا مَرْيَمُ؟
Dit is mijn tas.	• هَذِهِ حَقِيبَتِي.
Wat zit er in je tas?	- مَاذَا فِي حَقِيبَتِكِ؟
In mijn tas zitten schoolspullen.	• فِي حَقِيبَتِي أَدَوَاتُ الْمَدْرَسَةِ.
Dit is een etui. In de etui zitten veel pennen.	هَذِهِ مِقْلَمَةٌ. فِي الْمِقْلَمَةِ أَقْلَامٌ كَثِيرَةٌ.
Dit is een rode pen, en dit is een blauwe pen,	هَذَا قَلَمٌ أَحْمَرُ، وَهَذَا قَلَمٌ أَزْرَقُ،
en dit is een groene pen.	وَهَذَا قَلَمٌ أَخْضَرُ.
En dit zijn kleurpotloden.	وَهَذِهِ أَقْلَامٌ مُلَوَّنَةٌ.
En hier is een schaar en een gum en een puntenslijper.	وَهُنَا مِقَصٌّ وَمِمْحَاةٌ وَمِبْرَاةٌ.
Ma sha Allah. En wat is dat, op het schoolbordje?	- مَا شَاءَ اللهُ. وَمَا ذَلِكَ عَلَى السَّبُّورَةِ؟
Dat is een wisser.	• تِلْكَ مَسَّاحَةٌ.

En waar zijn je schriften?	- وَأَيْنَ دَفَاتِرُكَ؟
Hier zijn ze. Dit is het schrift voor natuurkunde.	• هِيَ هُنَا. هَذَا دَفْتَرُ الْعُلُومِ.
En dit is het schrift voor rekenen.	وَهَذَا دَفْتَرُ الْحِسَابِ.
En hier is het schrift voor de Arabische taal.	وَهُنَا دَفْتَرُ اللُّغَةِ الْعَرَبِيَّةِ.
En wat zijn deze boeken?	- وَمَا هَذَانِ الْكِتَابَانِ؟
Dit is het boek voor geloofsleer, en dit is het boek voor jurisprudentie.	• هَذَا كِتَابُ الْعَقِيدَةِ، وَهَذَا كِتَابُ الْفِقْهِ.

GRAMMATICAREGELS — الْقَوَاعِدُ النَّحْوِيَّةُ

اسْمُ الْإِشَارَة

هَذِهِ مُعَلِّمَةٌ.	هَذَا مُعَلِّمٌ.
هَاتَانِ مُعَلِّمَتَانِ.	هَذَانِ مُعَلِّمَانِ.
هَؤُلَاءِ مُعَلِّمَاتٌ.	هَؤُلَاءِ مُعَلِّمُونَ.

أَسْمَاءُ الْإِشَارَةِ لِلْقَرِيبِ خَمْسَةٌ:

1. **هَذَا** = لِلْمُفْرَدِ الْمُذَكَّرِ

هَذَا أَبٌ. هَذَا قَلَمٌ.

٢. هَذِهِ = لِلْمُفْرَدِ المُؤَنَّثِ، وَلِجَمْعِ غَيْرِ الْعَاقِلِ.

هَذِهِ أُمٌّ. هَذِهِ كُرَةٌ.

هَذِهِ سَيَّارَاتٌ. هَذِهِ أَقْلَامٌ.

٣. هَذَانِ = لِلْمُثَنَّى المُذَكَّرِ

هَذَانِ كِتَابَانِ. هَذَانِ وَلَدَانِ

٤. هَاتَانِ = لِلْمُثَنَّى المُؤَنَّثِ

هَاتَانِ دَرَّاجَتَانِ. هَاتَانِ بِنْتَانِ.

٥. هَؤُلَاءِ = لِجَمْعِ الْعَاقِلِ، مُذَكَّرٌ وَمُؤَنَّثٌ.

هَؤُلَاءِ مُعَلِّمُونَ. هَؤُلَاءِ مُعَلِّمَاتٌ.

BEGRIJPEN EN SCHRIJVEN — اَلْفَهْمُ وَالْكِتَابَة

1. Schrijf het enkelvoud en het tweevoud.   ١.أَكْتُبُ المُفْرَدَ وَالمُثَنَّى

١. هَذَا كِتَابٌ – هَذَانِ كِتَابَانِ – هَذِهِ كُتُبٌ

٢. هَذَا .... – هَذَانِ .... – هَذِهِ أَقْلَامٌ

٣. هَذَا .... – هَذَانِ .... – هَؤُلَاءِ مُسْلِمُونَ

٤. هَذِهِ .... – هَاتَانِ .... – هَذِهِ سَيَّارَاتٌ

٥. هَذِهِ .... – هَاتَانِ .... – هَؤُلَاءِ مُعَلِّمَاتٌ

2. أَخْتَارُ اسْمَ إِشَارَةٍ مُنَاسِبٍ

2. Kies een passend aanwijswoord.

هَذَا – هَذِهِ – هَذَانِ – هَاتَانِ – هَؤُلَاءِ

.... مُعَلِّمَاتٌ   .... مُدَرِّسُونَ

.... طُلَّابٌ   .... بِنْتَانِ

.... قَلَمَانِ   .... مِقْلَمَةٌ

.... سَيَّارَاتٌ   .... مِقَصٌّ

3. أُكْمِلُ بِاسْمِ الاشَارَةِ المُنَاسِبِ كَالْمِثَالِ:

3. Maak af met het passende woordje zoals in het voorbeeld:

1. **هَذَا**   هُوَ التِّلْمِيذُ **المُجْتَهِدُ** فِي الْفَصْلِ.

2. .... هِيَ التِّلْمِيذَةُ .... فِي الْفَصْلِ.

3. .... هُمَا التِّلْمِيذَانِ .... فِي الْفَصْلِ.

4. .... هُمُ التَّلَامِيذُ .... فِي الْفَصْلِ.

5. .... هُنَّ التِّلْمِيذَاتُ .... فِي الْفَصْلِ.

4. أَكْمِلُ المُضارِعَ: أَنْتَ – أَنْتِ – أَنْتُمَا.   4. Maak af in de T.T.

أَنْتُمَا تَلْعَبانِ	أَنْتِ تَلْعَبِينَ	أَنْتَ تَلْعَبُ	1. يَلْعَبُ
أَنْتُمَا	أَنْتِ	أَنْتَ	2. يَسِيرُ
أَنْتُمَا	أَنْتِ	أَنْتَ	3. يَسْمَعُ
أَنْتُمَا	أَنْتِ	أَنْتَ	4. يَعْمَلُ
أَنْتُمَا	أَنْتِ	أَنْتَ	5. يَقْطَعُ
أَنْتُمَا	أَنْتِ	أَنْتَ	6. يَرْسُمُ
أَنْتُمَا	أَنْتِ	أَنْتَ	7. يَنامُ
أَنْتُمَا	أَنْتِ	أَنْتَ	8. يَسْكُنُ

LESJE 3: WERKWOORDEN   اَلدَّرْسُ الثَّالِثُ: أَفْعَالٌ

> يَدْخُلُ - يَخْرُجُ - يَصْعَدُ - يَنْزِلُ
> يَفْتَحُ - يُغْلِقُ - يَمْشِي - يَجْرِي - السُّلَّمَ

LEZEN   اَلْقِرَاءَةُ

Moesa betreedt de klas.	يَدْخُلُ مُوسَى إِلَى الْفَصْلِ.
Moesa verlaat de klas.	يَخْرُجُ مُوسَى مِنَ الْفَصْلِ.
Sa'd beklimt de ladder.	يَصْعَدُ سَعْدٌ عَلَى السُّلَّمِ.
Sa'd daalt neer van de ladder.	يَنْزِلُ سَعْدٌ مِنَ السُّلَّمِ.
Khalid opent de deur.	يَفْتَحُ خَالِدٌ الْبَابَ.
Khalid sluit de deur.	يُغْلِقُ خَالِدٌ الْبَابَ.
Adam loopt op de weg.	يَمْشِي آدَمُ عَلَى الطَّرِيقِ.
Hamza rent achter de bal.	يَجْرِي حَمْزَةُ خَلْفَ الْكُرَةِ.

GRAMMATICAREGELS — الْقَوَاعِدُ النَّحْوِيَّةُ

<u>الْمُفْرَدُ – الْمُثَنَّى – الْجَمْعُ</u>

- الْمُفْرَدُ: يَدُلُّ عَلَى وَاحِدٍ.

كِتَابٌ – قَلَمٌ – مُعَلِّمٌ – مُدَرِّسَةٌ – طَالِبَةٌ

- الْمُثَنَّى: يَدُلُّ عَلَى اثْنَيْنِ.

كِتَابَانِ – قَلَمَانِ – مُعَلِّمَانِ – مُدَرِّسَتَانِ – طَالِبَتَانِ

في الْمُثَنَّى نَزِيدُ الْأَلِفَ وَالنُّونَ أَوِ الْيَاءَ وَالنُّونَ.

كِتَابٌ: كِتَابَانِ أَوْ كِتَابَيْنِ.

- الْجَمْعُ: يَدُلُّ عَلَى ثَلَاثَةٍ أَوْ أَكْثَرَ.

1. <u>جَمْعُ الْمُذَكَّرِ السَّالِمُ</u>

مُعَلِّمُونَ – مُدَرِّسُونَ – مُسْلِمُونَ – جَزَّارُونَ – مُهَنْدِسُونَ

في جَمْعِ الْمُذَكَّرِ السالم نَزِيدُ الْوَاوَ وَالنُّونَ أَوِ الْيَاءَ وَالنُّونَ.

مُعَلِّمٌ: مُعَلِّمُونَ أَوْ مُعَلِّمِينَ.

* جَمْعُ الْمُذَكَّرِ السَّالِمُ: لِجَمْعِ الْمُذَكَّرِ الْعَاقِلِ فَقَطْ.

2. <u>جَمْعُ المُؤَنَّثِ السَّالِمُ</u>

مُعَلِّمَاتٌ – طَالِبَاتٌ – تِلْمِيذَاتٌ – تُفَّاحَاتٌ – سَيَّارَاتٌ – سَاعَاتٌ

فِي جَمْعِ المُؤَنَّثِ السَّالِمِ نَزِيدُ الأَلِفَ وَالتَّاءَ مَكَانَ التَّاءِ المَرْبُوطَةِ.

مُدَرِّسَةٌ: مُدَرِّسَاتٌ

طَالِبَةٌ: طَالِبَاتٌ

* جَمْعُ المُؤَنَّثِ السَّالِمِ: لِكُلِّ اسْمٍ مُؤَنَّثٍ، عَاقِلٍ أَوْ غَيْرِ عَاقِلٍ.

3. <u>جَمْعُ التَّكْسِيرِ.</u>

فِي جَمْعِ التَّكْسِيرِ تَتَغَيَّرُ الْكَلِمَةُ، بِزِيَادَةٍ، أَوْ نَقْصٍ، أَوْ تَغَيُّرُ الْحَرَكَةِ.

كِتَابٌ: كُتُبٌ

رَجُلٌ: رِجَالٌ

مِصْبَاحٌ: مَصَابِيحُ

طَبِيبٌ: أَطِبَّاءُ

شَجَرَةٌ: أَشْجَارٌ

قَلَمٌ: أَقْلَامٌ

BEGRIJPEN EN SCHRIJVEN — اَلْفَهْمُ والْكِتَابَة

1. Lees de zinnen: — ‎.1 أَقْرَأُ ...

‎.1 ا

‎.2 مَ

‎.3 يَ

‎.4 ذ

‎.5 ا

‎.6 ا

BEGRIJPEN EN SCHRIJVEN — اَلْفَهْمُ والْكِتَابَة

1. Lees de zinnen: — ‎.1 أَقْرَأُ الجُمَلَ:

‎.1 الطَّالِبَاتُ يَأْكُلْنَ ثَلَاثَ وَجَبَاتٍ فِي الْيَوْمِ.

‎.2 مَصَابِيحُ الشَّارِعِ جَمِيلَةٌ وَكَثِيرَةٌ.

‎.3 يَسْكُنُ فِي هَذِهِ الْبُيُوتِ طُلَّابٌ مِصْرِيُّونَ.

‎.4 عَلَى الرَّفِّ كُتُبٌ وَدَفَاتِرُ وَأَدَوَاتُ المَدْرَسَةِ.

‎.5 الأُمُّ تَخِيطُ ثِيَابَ الأَطْفَالِ.

‎.6 المُسْلِمُونَ يَعْبُدُونَ اللهَ.

2. Haal ... **2. Haal de meervouden uit de zinnen:** — ‎.2 أَسْتَخْرِجُ الجَمْعَ مِنَ الجُمَلِ: ‎.2 أَسْتَخْ

جَمْعُ المُذَكَّر السَّالِم – جَمْعُ المُؤَنَّث السَّالِم – جَمْعُ التَّكْسِير

الطَّالِبَاتُ   جَمْعُ المُؤَنَّثِ السَّالِم   الطَّالِبَا

سير

....

....

....

....

....

....

.3 أَكَوِّنُ مِنْ بَعْضِ الجُمُوعِ جُمَلاً مِنْ عِنْدِي:

3. Maak met enkele van de meervouden zelf een zin:

.1 ....

.2 ....

.3 ....

.4 ....

.5 ....

.4 أُكْمِلُ المُضَارِعَ: هُوَ – هِيَ – هُمَ   4. Maak af in de T.T:

هُمَا يُرَاجِعَانِ	هِيَ تُرَاجِعُ	هُوَ يُرَاجِعُ	أَنَا أُرَاجِعُ .1
هُمَا	هِيَ	هُوَ	أُجَهِّزُ .2
هُمَا	هِيَ	هُوَ	أَتَعَلَّمُ .3
هُمَا	هِيَ	هُوَ	أَتَوَضَّأُ .4
هُمَا	هِيَ	هُوَ	أُحِبُّ .5
هُمَا	هِيَ	هُوَ	أَقِفُ .6
هُمَا	هِيَ	هُوَ	أَصْعَدُ .7

Thema 2

اَلْوَحْدَةُ 2 – الأُسْرَةُ
THEMA 2 – HET GEZIN

المَوَاضِيعُ: حَوْلَ المَائِدَةِ – أَفْرَادُ أُسْرَتِي – المَنْزِلُ

Onderwerpen: om de eettafel – mijn gezinsleden – de woning

WAT GAAN WE LEREN:
مَاذَا نَدْرُسُ:

* 30 nieuwe woordjes

* 30 مِنَ الكَلِمَات الجَدِيدَة

* Grammatica:

* النَّحْوُ:

- Bepaald en onbepaald zelfstandig naamwoord

- النَّكِرَةُ وَالمَعْرِفَةُ

- Bijvoeglijk naamwoord

- النَّعْتُ

- Ad-damaa-ir al-muttasilah

- الضَّمَائِرُ المتَّصِلَةُ

- Huruf al-Jarr

- حُرُوفُ الْجَرِّ

* Schrijfregels:

* إملاءٌ:

- De alif met of zonder Hamza

- هَمْزَةُ الوَصْلِ وَهَمْزَةُ القَطْعِ

هَيَّا نَبْدَأُ!

اَلدَّرْسُ الرَّابِعُ: حَوْلَ الْمَائِدَةِ   LESJE 4: OM DE EETAFEL

تَتَكَوَّنُ - أَفْرَادٌ - حَانَ - وَقْتُ - الْغَدَاءِ - تُسَاعِدُ - تَأْخُذُ خَضْرَوَاتٌ - بَارِدٌ - حَوْلَ - تَقُولُ - حَلْوَى

اَلْقِرَاءَةُ   LEZEN

Het gezin van Halima bestaat uit zes leden.	تَتَكَوَّنُ أُسْرَةُ حَلِيمَةَ مِنْ سِتَّةِ أَفْرَادٍ.
De vader heet Sa'ied, en de moeder heet Layla	اِسْمُ الْأَبِ سَعِيدٌ، وَاسْمُ الْأُمِّ لَيْلَى.
En zij hebben 4 kinderen.	وَلَهُمَا أَرْبَعَةُ أَبْنَاءٍ.
Zayd, Halima, Mohammed en Maryam.	زَيْدٌ وَحَلِيمَةُ وَمُحَمَّدٌ وَمَرْيَمُ.
Het is tijd voor het middageten.	حَانَ وَقْتُ الْغَدَاءِ.
De moeder dekt de eettafel, en Maryam helpt de moeder.	الْأُمُّ تُجَهِّزُ الْمَائِدَةَ، وَمَرْيَمُ تُسَاعِدُ الْأُمَّ.
De moeder: Kom op, Maryam. Pak dit bord.	الْأُمُّ: هَيَّا يَا مَرْيَمُ. خُذِي هَذَا الطَّبَقَ.
Maryam: Waar is het bord met gebak, Moeder?	مَرْيَمُ: أَيْنَ طَبَقُ الْحَلْوَى يَا أُمِّي؟
De moeder: In de koelkast, Maryam.	الْأُمُّ: فِي الثَّلَّاجَةِ يَا مَرْيَمُ.
Maryam brengt de borden naar de eettafel.	مَرْيَمُ تَأْخُذُ الْأَطْبَاقَ إِلَى الْمَائِدَةِ.
Op de eettafel is veel eten.	عَلَى الْمَائِدَةِ طَعَامٌ كَثِيرٌ.

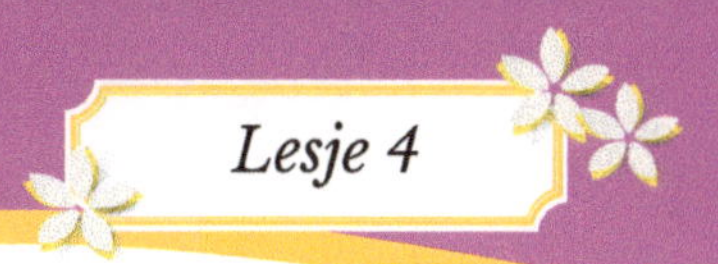

Rijst, vlees, groente en fruit.	أَرُزٌّ وَلَحْمٌ وَخَضْرَوَاتٌ وَفَاكِهَةٌ.
In de kan is koud vruchtensap.	فِي الْإِبْرِيقِ عَصِيرٌ بَارِدٌ.
De moeder: Kom eten.	الْأُمُّ: هَيَّا لِلْغَدَاءِ.
De gezinsleden gaan zitten rond de eettafel.	يَجْلِسُ أَفْرَادُ الْأُسْرَةِ حَوْلَ الْمَائِدَةِ.
De moeder zit rechts van de vader, en Mohammed zit naast Zayd.	تَجْلِسُ الْأُمُّ عَلَى يَمِينِ الْأَبِ، وَيَجْلِسُ مُحَمَّدٌ جَنْبَ زَيْدٍ.
En de twee meisjes zitten links van de vader.	وَتَجْلِسُ الْبِنْتَانِ عَلَى يَسَارِ الْأَبِ.
Het gezin zegt voordat ze gaan eten: Bismillah.	الْأُسْرَةُ تَقُولُ قَبْلَ الْأَكْلِ: بِسْم اللهِ.
Zayd: Dit is lekker eten.	زَيْدٌ: هَذَا طَعَامٌ لَذِيذٌ.
De vader: Ja, en alle lof is aan Allah, Zayd.	الْأَبُ: نَعَمْ، وَالْحَمْدُ لله يَا زَيْدُ.

GRAMMATICAREGELS

الْقَوَاعِدُ النَّحْوِيَّةُ

النَّكِرَةُ وَالْمَعْرِفَةُ

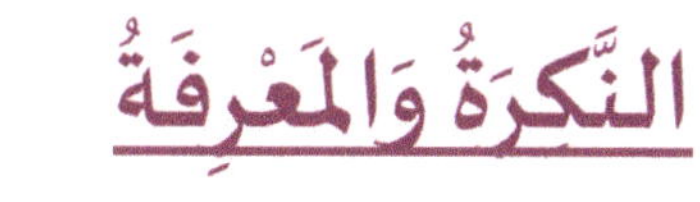

الْبَيْتُ = مَعْرِفَةٌ.   بَيْتٌ = نَكِرَةٌ

وَرْدَةٌ – الْوَرْدَةُ   رَجُلٌ – الرَّجُلُ

النَّعْتُ 1

النَّعْتُ	المَنْعُوتُ	
كَبِيرٌ	بَيْتٌ	هَذَا بَيْتٌ كَبِيرٌ.
جَدِيدَةٌ	دَرَّاجَةٌ	هَذِهِ دَرَّاجَةٌ جَدِيدَةٌ.
الْكَبِيرُ	الْبَيْتُ	هَذَا الْبَيْتُ الْكَبِيرُ.
الْجَدِيدَةُ	الدَّرَّاجَةُ	هَذِهِ الدَّرَّاجَةُ الْجَدِيدَةُ.

أَنَا طَالِبٌ مُجْتَهِدٌ.

أَسْكُنُ فِي بَيْتٍ جَمِيلٍ.

أَرْكَبُ دَرَّاجَةً جَدِيدَةً.

لِي أُخْتٌ صَغِيرَةٌ.

وَلِي أَخٌ كَبِيرٌ.

أَسْكُنُ فِي هَذَا الْبَيْتِ الْكَبِيرِ.

أَيْنَ الْمُعَلِّمُ الْجَدِيدُ؟

لِمَنْ تِلْكَ السَّيَّارَةُ الْجَمِيلَةُ؟

هِيَ لِلْمُعَلِّمِ الْجَدِيدِ.

أَقْطَعُ الْفَاكِهَةَ اللَّذِيذَةَ

القَاعِدَةُ:

النَّعْتُ يَتْبَعُ المَنْعُوتَ فِي الرَّفْعِ وَالنَّصْبِ وَالْجَرِّ، وَالمَعْرِفَةِ وَالنَّكِرَةِ.

BEGRIJPEN EN SCHRIJVEN — اَلْفَهْمُ والْكِتَابَة

1. Beantwoord de vragen. — ‫.1‬ أُجِيبُ عَنِ الْأَسْئِلَة.

1. كَمْ أَفْرَادُ أُسْرَةِ سَعِيدٍ؟

....

2. مَنْ تُسَاعِدُ الْأُمَّ؟

....

3. مَاذَا عَلَى الْمَائِدَةِ؟

....

4. هَلِ الْعَصِيرُ بَارِدٌ؟

....

5. أَيْنَ يَجْلِسُ أَفْرَادُ الْأُسْرَةِ؟

....

6. مَاذَا تَفْعَلُ الْأُسْرَةُ قَبْلَ الْأَكْلِ؟

....

2. Verander zoals in het voorbeeld: ‏٢. أُغَيِّرُ كَالْمِثَالِ: الْيَمِينُ وَالْيَسَارُ:

١. السَّيَّارَةُ عَلَى يَمِينِ الْبَيْتِ.   عَلَى يَمِينِ الْبَيْتِ سَيَّارَةٌ.

٢. الْمِقَصُّ عَلَى يَمِينِ الْمِقْلَمَةِ. ....

٣. الرَّجُلُ عَلَى يَسَارِ الْحَافِلَةِ. ....

٤. الْوَرْدَةُ عَلَى يَسَارِ الشَّجَرَةِ. ....

٥. الْكَرَاسِيُّ حَوْلَ الْمَائِدَةِ.   حَوْلَ ....

٦. السُّورُ حَوْلَ الْحَدِيقَةِ. ....

3. Maak af met een passend bijvoeglijk naamwoord: ‏٣. أُكْمِلُ بِالنَّعْتِ الْمُنَاسِبِ:

⃝ الْكَرِيمَ	١. هَذَا طَعَامٌ ⃝
⃝ لَذِيذٌ	٢. فِي الْحَدِيقَةِ وَرْدَةٌ ⃝
⃝ الْابْتِدَائِيَّةِ	٣. فِي الْفَصْلِ سَبُّورَةٌ ⃝
⃝ كَبِيرَةٌ	٤. أَنَا أَحْفَظُ الْقُرْآنَ ⃝
⃝ صَغِيرٌ	٥. أَدْرُسُ فِي الْمَدْرَسَةِ ⃝
⃝ جَمِيلَةٌ	٦. هَذَا وَلَدٌ ⃝

4. أُكْمِلُ المُضَارِعَ: هُمْ – هُنَّ – أَنْتُمْ:   4. Maak af in de T.T: zij – jullie (mv.)

أَنْتُمْ تَفْهَمُونَ	هُنَّ يَفْهَمْنَ	هُمْ يَفْهَمُونَ	1. أَنَا أَفْهَمُ
أَنْتُمْ............	هُنَّ............	هُمْ............	2. أَحْفَظُ
أَنْتُمْ............	هُنَّ............	هُمْ............	3. أَشْكُرُ
أَنْتُمْ............	هُنَّ............	هُمْ............	4. أَفْتَحُ
أَنْتُمْ............	هُنَّ............	هُمْ............	5. أُغْلِقُ
أَنْتُمْ............	هُنَّ............	هُمْ............	6. أَدْخُلُ
أَنْتُمْ............	هُنَّ............	هُمْ............	7. أَخْرُجُ
أَنْتُمْ............	هُنَّ............	هُمْ............	8. أَسْأَلُ

LESJE 5: MIJN GEZIN

اَلدَّرْسُ الْخَامِس: أُسْرَتِي

عَدَدٌ - إِخْوَةٌ - أَكْبَرُ - أَصْغَرُ

LEZEN

اَلْقِرَاءَةُ

DIALOOGJE 1

الْحِوَارُ الْأَوَّلُ:

Hoeveel broers heb jij, Moesa?	أَسْلَمُ: كَمْ عَدَدُ إِخْوَتِكَ يَا مُوسَى؟
Ik heb één broer.	مُوسَى: لِي أَخٌ وَاحِدٌ.
En jij, hoeveel broers heb jij, Aslam?	وَأَنْتَ، كَمْ عَدَدُ إِخْوَتِكَ يَا أَسْلَمُ؟
Ik heb twee broers en twee zussen.	أَسْلَمُ: لِي أَخَوَانِ اثْنَانِ، وَلِي أُخْتَانِ اثْنَتَانِ.
Wat mij betreft, ik heb vier zussen.	مُوسَى: أَمَّا أَنَا، فَلِي أَرْبَعُ أَخَوَاتٍ.
Waar woon je, Moesa?	أَسْلَمُ: أَيْنَ تَسْكُنُ يَا مُوسى؟
Ik woon in Jedda, in het huis van mijn vader en moeder.	مُوسَى: أَسْكُنُ فِي جُدَّةَ، فِي بَيْتِ أَبِي وَأُمِّي.
En met ons wonen mijn opa en oma.	وَيَسْكُنُ مَعَنَا جَدِّي وَجَدَّتِي.

DIALOOGJE 2 — الحِوَارُ الثَّانِي:

Heb je kinderen, Hind?	أَمِينَة: هَلْ لَكِ أَبْنَاءٌ يَا هِنْدُ؟
Ja, ik heb twee zonen en maar één dochter. En jij, Amina?	هِنْدُ: نَعَمْ، لِي ابْنَانِ اثْنَانِ، وَابْنَةٌ وَاحِدَةٌ فَقَطْ. وَأَنْتِ يَا أَمِينَةُ؟
Wat mij betreft, ik heb zeven kinderen; vier zonen en drie dochters.	أَمِينَةُ: أَمَّا أَنَا، فَلِي سَبْعَةُ أَطْفَالٍ: أَرْبَعَةُ بَنِينَ، وَثَلَاثُ بَنَاتٍ.
Ma sha Allah! Wat is de leeftijd van je oudste kind?	هِنْدُ: مَا شَاءَ الله! كَمْ عُمُرُ أَكْبَرِ أَبْنَائِكِ؟
Mijn oudste zoon is vijftien jaar oud. En mijn jongste zoon is één jaar oud.	أَمِينَةُ: عُمُرُ ابْنِي الأَكْبَرِ خَمْسَ عَشْرَةَ سَنَة، وَعُمُرُ ابْنِي الأَصْغَرِ سَنَةٌ وَاحِدَةٌ.
Is jullie huis groot?	هِنْدُ: هَلْ بَيْتُكُمْ كَبِيرٌ؟
Ja, het huis heeft zes kamers en twee badkamers.	أَمِينَةُ: نَعَمْ. فِي الْبَيْتِ سِتُّ حُجُرَاتٍ، وَحَمَّامَانِ اثْنَانِ.

الْقَوَاعِدُ النَّحْوِيَّةُ وَالإِمْلاء   GRAMMATICA- &SCHRIJFREGELS

أُلاحِظُ: المُفْرَد – المُثَنَّى – الجَمْعُ.

أَخٌ – أَخَوَانِ – إِخْوَةٌ / إِخْوَانٌ.

أُخْتٌ – أُخْتَانِ – أَخَوَاتٌ.

اِبْنٌ – اِبْنَانِ – أَبْنَاءُ / بَنِين.

اِبْنَةٌ – اِبْنَتَانِ – بَنَاتٌ / بِنْتٌ – بِنْتَانِ – بَنَاتٌ.

طِفْلٌ – طِفْلانِ – أَطْفَالٌ.

هَذَا أَبِي.	هَذَا أَخِي.
هَذَا أَبُوكَ.	هَذَا أَخُوكَ.

هَمْزَةُ الْوَصْلِ: ا   وَهَمْزَةُ الْقَطْعِ: أ

- هَمْزَةُ الْوَصْلِ تُنْطَقُ فِي بِدَايَةِ الْجُمْلَةِ.

اِبْنٌ – اِبْنَةٌ – اِسْمٌ – اِثْنَانِ – اِبْتِدَائِيَّةٌ

- هَمْزَةُ الْقَطْعِ تُنْطَقُ دَائِمًا

أَخٌ – أُخْتٌ – أَبٌ – أُمٌّ – أَنَسٌ – إِخْوَةٌ – إِبْرِيقٌ.

* مَا اسْمُكَ؟

* هَذَا ابْني وَهَذَا ابْنُكَ.

* هَذَا أَخِي وَهَذِهِ أُخْتِي.

* اِبْنُ مَنْ أَنْتَ؟ أَنَا ابْنُ الطَّبِيبِ.

الضَّمَائِرُ المُتَّصِلَةُ اثْنَتَا عَشْرَ:

هَذَا كِتَابِي = أَنَا

هَذَا كِتَابُنَا = نَحْنُ

هَذَا كِتَابُكَ = أَنْتَ

هَذَا كِتَابُكِ = أَنْتِ

هَذَا كِتَابُكُمَا = أَنْتُمَا

هَذَا كِتَابُكُمْ = أَنْتُمْ

هَذَا كِتَابُكُنَّ = أَنْتُنَّ

هَذَا كِتَابُهُ = هُوَ

هَذَا كِتَابُهَا = هِيَ

هَذَا كِتَابُهُمَا = هُمَا

هَذَا كِتَابُهُمْ = هُمْ

هَذَا كِتَابُهُنَّ = هُنَّ

BEGRIJPEN EN SCHRIJVEN

اَلْفَهْمُ والْكِتَابَة

1. Beantwoord de vragen.   1. أُجِيبُ عَنِ الْأَسْئِلَة.

١. كَمْ عَدَدُ إِخْوَةُ مُوسَى؟

....

٢. هَلْ لِمُوسَى أُخْتٌ؟

....

٣. أَيْنَ يَسْكُنُ مُوسَى؟

....

٤. أَيْنَ يَسْكُنُ جَدٌّ وَجَدَّةُ مُوسَى؟

....

٥. كَمْ عَدَدُ أَطْفَالِ أَمِينَةَ؟

....

٦. مَا عُمُرُ أَكْبَرُ أَبْنَاءِ أَمِينَةَ؟

....

٧. كَمْ حُجْرَةً فِي بَيْتِ أَمِينَةَ؟

....

2. Maak af zoals in het voorbeeld: .2 أُكْمِلُ كَمَا فِي المِثَالِ:

1. هَذَا أَخُوكَ   أَنْتَ

2. هَذِهِ أُخْتُـ........   هُوَ

3. هَذَا وَلَدُ.........   هِيَ

4. هَذِهِ جَدَّتُـ........   أَنَا

5. هَذَا أَبُو.........   أَنْتِ

6. هَذِهِ أُمُّـ........   نَحْنُ

7. هَذِهِ أُخْتُـ........   هُمْ

8. هَذَا جَدُّ........   هُنَّ

9. هَذِهِ ابْنَتُـ........   أَنْتُمَا

10. هَذَا ابْنُـ........   هُمَا

3. أَضَعُ الْكَلِمَاتِ فِي المَكَانِ المُنَاسِبِ:   3. Plaats de woordjes in de juiste kolom:

أُسْرَةٌ – اِحْفَظْ – أَقْلَامٌ – اِبْنِي – أَذَانٌ – اِثْنَيْنِ – إِقَامَةٌ – أَصْفَرُ

أَحْمَرُ – الْكِتَابُ – اِبْتِدَائِيَّةٌ – اُكْتُبِي

هَمْزَةُ الْوَصْلِ	هَمْزَةُ الْقَطْعِ

4. أُكَوِّنُ جُمَلًا بِالْكَلِمَاتِ   4. Maak zinnen met behulp van de woorden:

أَخِي – أُخْتِي – أَبِي – أُمِّي – طِفْلٌ

.1 ....

.2 ....

.3 ....

.4 ....

.5 ....

LESJE 6: DE WONING   الدَّرْسُ السَّادِس: المَنْزِل

وَالِدٌ - وَالِدَةٌ - مَنْزِلٌ - تَخِيطُ - خَيْطٌ - إِبْرَةٌ - قَهْوَةٌ
فَطُورٌ - غَدَاءٌ - عَشَاءٌ - وَجْبَةٌ

LEZEN   اَلْقِرَاءَةُ

Dit is een mooie woning.	هَذَا مَنْزِلٌ جَمِيلٌ.
De vader drinkt hete koffie.	الوَالِدُ يَشْرَبُ القَهْوَةَ الحَارَّةَ.
De moeder naait nieuwe kleren.	الوَالِدَةُ تَخِيطُ الثِّيَابَ الجَدِيدَةَ.
Op de tafel zijn een naald en draad.	عَلَى الطَّاوِلَةِ إِبْرَةٌ وَخَيْطٌ.
Wij eten drie maaltijden op een dag.	نَحْنُ نَأْكُلُ ثَلَاثَ وَجَبَاتٍ فِي الْيَوْمِ.
We nuttigen het ontbijt in de ochtend.	نَتَنَاوَلُ الفَطُورَ فِي الصَّبَاحِ.
En we nuttigen het middageten in de middag.	وَنَتَنَاوَلُ الغَدَاءَ فِي الظُّهْرِ.
En we nuttigen het avondeten in de avond.	وَنَتَنَاوَلُ العَشَاءَ فِي المَسَاءِ.

مُفْرَدٌ – مُثَنَّى – جَمْعٌ

هَذَا تِلْمِيذٌ. هَذَانِ تِلْمِيذَانِ. هَؤُلَاءِ تَلَامِيذُ.

هَذِهِ تِلْمِيذَةٌ. هَاتَانِ تِلْمِيذَتَانِ. هَؤُلَاءِ تِلْمِيذَاتٌ.

هَذَا طَالِبٌ. هَذَانِ طَالِبَانِ. هَؤُلَاءِ طُلَّابٌ.

هَذِهِ طَالِبَةٌ. هَاتَانِ طَالِبَتَانِ. هَؤُلَاءِ طَالِبَاتٌ.

هَذَا رَجُلٌ. هَذَانِ رَجُلَانِ. هَؤُلَاءِ رِجَالٌ.

هَذِهِ امْرَأَةٌ. هَاتَانِ امْرَأَتَانِ. هَؤُلَاءِ نِسَاءٌ.

هَذَا وَلَدٌ. هَذَانِ وَلَدَانِ. هَؤُلَاءِ أَوْلَادٌ.

هَذِهِ بِنْتٌ. هَاتَانِ بِنْتَانِ. هَؤُلَاءِ بَنَاتٌ.

هَذَا أَبٌ. هَذَانِ أَبَوَانِ. هَؤُلَاءِ آبَاءٌ.

هَذِهِ أُمٌّ. هَاتَانِ أُمَّانِ. هَؤُلَاءِ أُمَّهَاتٌ.

هَذَا طِفْلٌ. هَذَانِ طِفْلَانِ. هَؤُلَاءِ أَطْفَالٌ.

GRAMMATICAREGELS

الْقَوَاعِدُ النَّحْوِيَّةُ

<u>حُرُوفُ الْجَرِّ</u>

مِنْ – إِلَى – فِي – عَلَى – .....

الْبَيْتُ – فِي الْبَيْتِ

الطَّاوِلَةُ – عَلَى الطَّاوِلَةِ

الْمَسْجِدُ – إِلَى الْمَسْجِدِ

ألاحِظ الْحَرَكَاتَ الآتِيَةَ:

الثَّلَاجَةُ فِي الْمَطْبَخِ.   الْخُبْزُ عَلَى الطَّاوِلَةِ.   يَمْشِي أَيُّوبُ إِلَى السُّوقِ.

> **الْقَاعِدَةُ:**
> يَأْتِي بَعْدَ حَرْفِ الْجَرِّ اِسْمٌ مَجْرُورٌ.

<u>النَّعْتُ 2</u>

هَذَا تِلْمِيذٌ مُجْتَهِدٌ.   دَرَسَ التِّلْمِيذُ الْمُجْتَهِدُ.

هَذَانِ تِلْمِيذَانِ مُجْتَهِدَانِ.   دَرَسَ التِّلْمِيذَانِ الْمُجْتَهِدَانِ.

هَؤُلَاءِ تَلَامِيذُ مُجْتَهِدُونَ.   دَرَسَ التَّلَامِيذُ الْمُجْتَهِدُونَ.

> **الْقَاعِدَة:**
> النَّعْتُ يَتْبَعُ الْمَنْعُوتَ فِي الرَّفْعِ وَالنَّصْبِ وَالْجَرِّ، وَالْمَعْرِفَةِ وَالنَّكِرَةِ، وَالْمُفْرَدِ وَالْمُثَنَّى وَالْجَمْعِ.

BEGRIJPEN EN SCHRIJVEN   اَلْفَهْمُ وَالْكِتَابَة

1. Kies het woordje dat past in de zin: ١. أَخْتَارُ الْكَلِمَةَ الْمُنَاسِبَةَ فِي الْجُمْلَة.

(الرَّجُلُ – الرَّجُلَانِ – الرِّجَالُ)	١. .... يَعْمَلُونَ فِي الشَّارِعِ.
(التِّلْمِيذُ - التِّلْمِيذَانِ - التَّلَامِيذُ)	٢. .... يُحِبُّ دَرْسَ الْحِسَابِ.
(الْبِنْتُ – الْبِنْتَانِ – الْبَنَاتُ)	٣. .... تَشْرَبُ الْحَلِيبَ.
(الْوَلَدُ – الْوَلَدَانِ – الأَوْلَادُ)	٤. .... يَأْكُلَانِ الْمَوْزَ.

2. Schrijf het tweevoud en het meervoud: ٢. أَكْتُبُ الْمُثَنَّى وَالْجَمْعَ:

١. هَذَا تِلْمِيذٌ.   هَذَانِ .... هَؤُلَاءِ ....

٢. هَذِهِ تِلْمِيذَةٌ. هَاتَانِ .... هَؤُلَاءِ ....

٣. هَذَا طَالِبٌ.   هَذَانِ .... هَؤُلَاءِ ....

٤. هَذَا رَجُلٌ.   هَذَانِ .... هَؤُلَاءِ ....

٥. هَذِهِ امْرَأَةٌ.   هَاتَانِ .... هَؤُلَاءِ ....

٦. هَذَا وَلَدٌ.   هَذَانِ .... هَؤُلَاءِ ....

٧. هَذِهِ بِنْتٌ. هَاتَانِ .... هَؤُلَاءِ ....

٨. هَذَا أَبٌ. هَذَانِ .... هَؤُلَاءِ ....

٩. هَذِهِ أُمٌّ. هَاتَانِ .... هَؤُلَاءِ ....

١٠. هَذَا طِفْلٌ. هَذَانِ .... هَؤُلَاءِ ....

٣. أُجِيبُ بِجُمْلَةٍ مُنَاسِبَةٍ وَأَضْبِطُهَا بِالشَّكْلِ:

3. Maak de zinnen af met een passend woord en zet de juiste harakah op dat woord

أَيْنَ السَّرِيرُ؟ السَّرِيرُ فِي الْغُرْفَةِ.

١. أَيْنَ السَّاعَةُ؟ ....

٢. أَيْنَ المَكْتَبَةُ؟ ....

٣. أَيْنَ حَامِدٌ؟ ....

٤. أَيْنَ حَفْصَةُ؟ ....

4. Maak 5 zinnen over het gezin: أُعَبِّرُ عَنِ الأُسْرَةِ في خَمْسِ جُمَلٍ.

.... 1.

.... 2.

.... 3.

.... 4.

.... 5.

اَلْوَحْدَةُ 3 – الدِّراسَةُ
THEMA 3 – STUDEREN

الْمَوَاضِيعُ: طَالِبٌ جَدِيدٌ – مِنْ أَيْنَ أَنْتَ؟ – فِي فَصْلِ الدِّرَاسَةِ

Onderwerpen: een nieuwe student – waar kom je vandaan? – in het klaslokaal

WAT GAAN WE LEREN:

مَاذَا نَدْرُسُ:

* 38 nieuwe woordjes

* Grammatica:

  - Het werkwoord in V.T. en T.T.

  - Land van afkomst

  - De aanwijswoorden voor ver

  - Mudaf en mudaf ilayh

* 38 مِنَ الكَلِمَاتِ الجَدِيدَة

* النَّحْوُ:

  - الفِعْلُ المَاضِي وَالمُضَارِعُ

  - النِسْبَةُ

  - اِسْمُ الإِشَارَةِ لِلْبَعِيدِ

  - المُضَافُ وَالمُضَافُ إِلَيْهِ

هَيَّا نَبْدَأُ!

LESJE 7: EEN NIEUWE STUDENT — اَلدَّرْسُ السَّابِعُ: طَالِبٌ جَدِيد

أَيُّ - مُسْتَوَى - دُرُوسٌ - اَلَّتِي - مَوَادٌّ - اَلتَّارِيخُ - اَلْحَدِيثُ - اَلتَّفْسِيرُ
أَرْجُو - اَلتَّوْفِيقُ - طَلَبُ الْعِلْمِ - فَرِيضَةٌ - دُخُولٌ - اَلِاسْتِرَاحَةُ

LEZEN — اَلْقِرَاءَةُ

Zayd is voor de deur van de universiteit.	زَيْدٌ أَمَامَ بَابِ الْجَامِعَةِ.
Bij de deur is een nieuwe student.	عِنْدَ الْبَابِ طَالِبٌ جَدِيدٌ.
Vrede zij met jou, broeder!	زَيْدٌ: اَلسَّلَامُ عَلَيْكُمْ يَا أَخِي.
En vrede zij met jou, en de Genade van Allah.	اَلطَّالِبُ: وَعَلَيْكُمُ السَّلَامُ وَرَحْمَةُ اللَّهِ.
Ben jij een nieuwe student?	زَيْدٌ: هَلْ أَنْتَ طَالِبٌ جَدِيدٌ؟
Ja, ik ben een nieuwe student.	اَلطَّالِبُ: نَعَمْ. أَنَا طَالِبٌ جَدِيدٌ.
Mijn naam is Ahmed. En hoe heet jij, mijn broeder?	اِسْمِي أَحْمَدُ. وَمَا اسْمُكَ يَا أَخِي؟
Mijn naam is Zayd. Welkom op de Islamitische Universiteit. In welk niveau zit jij?	زَيْدٌ: اِسْمِي زَيْدٌ. مَرْحَبًا فِي الْجَامِعَةِ الْإِسْلَامِيَّةِ. فِي أَيِّ مُسْتَوَى أَنْتَ؟
Ik ben een student in het eerste niveau. En jij?	أَحْمَدُ: أَنَا طَالِبٌ فِي الْمُسْتَوَى الْأَوَّلِ. وَأَنْتَ؟

Ik ben ook een student in het eerste niveau.	زَيْدٌ: أَنَا طَالِبٌ فِي الْمُسْتَوَى الأَوَّلِ أَيْضًا.
Wat zijn de lessen die we krijgen in het eerste niveau?	أَحْمَدُ: مَا هِيَ الدُّرُوسُ الَّتِي نَدْرُسُهَا فِي الْمُسْتَوَى الأَوَّلِ؟
We bestuderen een heleboel vakken. O.a. de Arabische taal, geschiedenis, hadith en tafsier (interpretatie van de Qor'aan).	زَيْدٌ: نَدْرُسُ مَوَادَّ كَثِيرَةً. مِنْهَا اللُّغَةُ الْعَرَبِيَّةُ والتَّارِيخُ والْحَدِيثُ والتَّفْسِيرُ.
Ma sha Allah. En hoeveel lessen hebben we per dag?	أَحْمَدُ: مَا شَاءَ اللَّهُ. وَكَمْ دَرْسًا عِنْدَنَا فِي الْيَوْمِ؟
In de ochtend vijf lessen, en na de pauze drie lessen.	زَيْدٌ: فِي الصَّبَاحِ خَمْسَةُ دُرُوسٍ، وَبَعْدَ الاسْتِرَاحَةِ ثَلاثَةُ دُرُوسٍ.
Ik hoop dat Allah ons succes schenkt in het opdoen van kennis.	أَحْمَدُ: أَرْجُو مِنَ اللَّهِ التَّوْفِيقَ فِي طَلَبِ الْعِلْمِ.
Ja, want het opdoen van kennis is een plicht voor iedere moslim.	زَيْدٌ: نَعَمْ، لِأَنَّ طَلَبَ الْعِلْمِ فَرِيضَةٌ عَلَى كُلِّ مُسْلِمٍ.
Het is tijd om naar binnen te gaan. Kom op, laten we de klas binnengaan.	أَحْمَدُ: هَذَا وَقْتُ الدُّخُولِ. هَيَّا بِنَا نَدْخُلُ الْفَصْلَ.

GRAMMATICAREGELS

الْقَوَاعِدُ النَّحْوِيَّةُ

<u>الْفِعْلُ الْمُضَارِعُ</u>

أَنَا أَدْرُسُ

نَحْنُ نَدْرُسُ

أَنْتَ تَدْرُسُ

أَنْتِ تَدْرُسِينَ

أَنْتُمَا تَدْرُسَانِ

أَنْتُمْ تَدْرُسُونَ

أَنْتُنَّ تَدْرُسْنَ

هُوَ يَدْرُسُ

هِيَ تَدْرُسُ

هُمَا يَدْرُسَانِ

هُمَا تَدْرُسَانِ

هُمْ يَدْرُسُونَ

هُنَّ يَدْرُسْنَ

الْفِعْلُ الْمَاضِي

فِعْلُ كَتَبَ:

أَنَا كَتَبْتُ. كَتَب + تُ

أَنْتَ كَتَبْتَ. كَتَب + تَ

نَحْنُ كَتَبْنَا. كَتَب + نَا

جَلَسَ (يَجْلِسُ)	كَتَبَ (يكْتُبُ)	شَرِبَ (يَشْرَبُ)	الضَّمِيرُ
جَلَسْتُ	كَتَبْتُ	شَرِبْتُ	أَنَا
جَلَسْنَا	كَتَبْنَا	شَرِبْنَا	نَحْنُ
جَلَسْتَ	كَتَبْتَ	شَرِبْتَ	أَنْتَ
جَلَسْتِ	كَتَبْتِ	شَرِبْتِ	أنتِ
جَلَسْتُما	كَتَبْتُما	شَرِبْتُما	أَنْتُمَا

الْمَاضِي - الْمُضَارِعُ

دَرَسَ - يَدْرُسُ	كَتَبَ - يكْتُبُ
لَعِبَ - يَلْعَبُ	شَرِبَ - يَشْرَبُ
قَطَعَ - يَقْطَعُ	ذَهَبَ - يَذْهَبُ
نَزَلَ - يَنْزِلُ	جَلَسَ - يَجْلِسُ

BEGRIJPEN EN SCHRIJVEN — اَلْفَهْمُ وَالْكِتَابَة

1. Beantwoord de vragen.	١. أُجِيبُ عَنِ الْأَسْئِلَةِ.

١. أَيْنَ زَيْدٌ؟

....

٢. مَا اسْمُ الطَّالِبِ الْجَدِيدِ؟

....

٣. أَيْنَ يَدْرُسُ زَيْدٌ؟

....

٤. هَلْ مَوَادُّ الْمُسْتَوَى الْأَوَّلِ قَلِيلَةٌ؟

....

٥. كَمْ دَرْسًا يَدْرُسُهُ زَيْدٌ فِي الْيَوْمِ؟

....

٦. مَاذَا يَرْجُو أَحْمَدُ؟

....

2. Maak af in de verleden tijd: ik – wij	.2 أُكْمِلُ المَاضِي: أَنَا – نَحْنُ:

نَحْنُ خَرَجْنَا	أَنَا خَرَجْتُ	1. **خَرَجَ**
نَحْنُ	أَنَا	2. **فَتَحَ**
نَحْنُ	أَنَا	3. **لَبِسَ**
نَحْنُ	أَنَا	4. **ضَحِكَ**
نَحْنُ	أَنَا	5. **قَرَأَ**
نَحْنُ	أَنَا	6. **نَزَلَ**
نَحْنُ	أَنَا	7. **سَكَنَ**
نَحْنُ	أَنَا	8. **ذَاكَرَ**

3. Maak af in de verleden tijd: jij – jullie | ‎.3 أُكْمِلُ المَاضِي: أَنْتَ – أَنْتِ – أَنْتُمَا

أنتُمَا	أنتِ	أنتَ	
أنتُمَا لَعِبْتُمَا	أنتِ لَعِبْتِ	أنتَ لَعِبْتَ	‎.1 لَعِبَ
أنتُمَا	أنتِ	أنتَ	‎.2 أَغْلَقَ
أنتُمَا	أنتِ	أنتَ	‎.3 وَجَدَ
أنتُمَا	أنتِ	أنتَ	‎.4 تَوَضَّأَ
أنتُمَا	أنتِ	أنتَ	‎.5 أَكَلَ
أنتُمَا	أنتِ	أنتَ	‎.6 تَنَاوَلَ
أنتُمَا	أنتِ	أنتَ	‎.7 أَجَابَ
أنتُمَا	أنتِ	أنتَ	‎.8 عَبَدَ

4.أ أَصَرِّفُ الجُمْلَةَ.

4. Vervoeg de zin.

هَذِهِ الخَيَّاطَةُ تَخِيطُ ثِيَابَ أَبْنَائِهَا.

1. هَذَا ....

2. هَذَانِ ....

3. هَاتَانِ ....

4. هَؤُلَاءِ (مُذَكَّرٌ) ....

5. هَؤُلَاءِ (مُؤَنَّثٌ) ....

اَلدَّرْسُ الثَّامِنِ: مِنْ أَيْنَ أَنْتَ؟

LESJE 8: WAAR KOM JE VANDAAN?

هُولَنْدَا - المَغْرِبُ - فَرَنْسَا - بَلْجِيكَا - الجَزَائِرُ - مِصْرُ

تونُسُ - اليَمَنُ - باكِسْتانُ - الهِنْدُ - الصُّومَالُ - لِيبِيَا

أَلْمَانِيَا - شَابٌّ - مَعَكَ - صَدِيقٌ - شَبَابٌ - فَتَاةٌ - الآنَ

Lezen   اَلْقِرَاءَةُ

Waar kom je vandaan, Hamid?	يُوسُفُ: مِنْ أَيْنَ أَنْتَ يَا حَامِدُ؟
Ik kom uit Nederland. Ik ben een Nederlander. En waar kom jij vandaan, Yoesoef?	حَامِدٌ: أَنَا مِنْ هُولَنْدَا. أَنَا هُولَنْدِيٌّ. وَمِنْ أَيْنَ أَنْتَ يَا يُوسُفُ؟
Ik kom uit Marokko. Ik ben een Marokkaan.	يُوسُفُ: أَنَا مِنَ المَغْرِبِ. أَنَا مَغْرِبِيٌّ.
Wie is deze jongeman die bij jou is?	حَامِدٌ: مَنْ هَذَا الشَّابُّ الَّذِي مَعَكَ؟
Dit is mijn vriend. Zijn naam is Khalid.	يُوسُفُ: هَذَا صَدِيقِي. اِسْمُهُ خَالِدٌ.
Waar kom jij vandaan, Khalid?	حَامِدٌ: مِنْ أَيْنَ أَنْتَ يَا خَالِدُ؟
Ik kom uit Frankrijk. Ik ben een Fransman.	خَالِدٌ: أَنَا مِنْ فَرَنْسَا. أَنَا فَرَنْسِيٌّ.

En wie is dat kind dat in de auto zit?	يُوسُفُ: وَمَنْ ذَلِكَ الطِّفْلُ اَلَّذِي فِي السَّيَّارَةِ؟
Dat is mijn kleine broertje. Zijn naam is Noeh.	حَامِدٌ: ذَلِكَ أَخِي الصَّغِيرُ. اسْمُهُ نُوحٌ.
En wie zijn die jongelingen bij de deur?	يُوسُفُ: وَمَنْ أُولَئِكَ الشَّبَابُ عِنْدَ الْبَابِ؟
Dat zijn studenten uit Egypte.	حَامِدٌ: أُولَئِكَ طُلَّابٌ مِنْ مِصْرَ.

Waar kom je vandaan, Halima?	سَلْمَى: مِنْ أَيْنَ أَنْتِ يَا حَلِيمَةُ؟
Ik kom uit Belgie. Ik ben een Belgische. En waar kom jij vandaan, Selma?	حَلِيمَةُ: أَنَا مِنْ بِلْجِيكَا. أَنَا بِلْجِيكِيَّةٌ. وَمِنْ أَيْنَ أَنْتِ يَا سَلْمَى؟
Ik kom uit Algerije. Ik ben een Algerijnse.	سَلْمَى: أَنَا مِنَ الْجَزَائِرِ. أَنَا جَزَائِرِيَّةٌ.
Wie is dat meisje dat bij het bureau zit?	حَلِيمَةُ: مَنْ تِلْكَ الْفَتَاةِ اَلَّتِي تَجْلِسُ عِنْدَ الْمَكْتَبِ؟
Dat is mijn zus. Zij is een studente, en zij is nu haar lessen aan het herhalen.	سَلْمَى: تِلْكَ أُخْتِي. هِيَ طَالِبَةٌ، وَهِيَ الآنَ تُرَاجِعُ دُرُوسَهَا.

En wie zijn die kleine meisjes?	حَلِيمَةُ: وَمَنْ أُولَئِكَ البَنَاتُ الصَّغِيرَاتُ؟
Zij zijn ook mijn zusjes.	سَلْمَى: هُنَّ أَخَوَاتِي أَيْضًا.

GRAMMATICAREGELS

الْقَوَاعِدُ النَّحْوِيَّةُ

النِّسْبَةُ.

مِصْرُ – مِصْرِيٌّ – مِصْرِيَّةٌ

تُونِسُ – تونِسِيٌّ – تونِسِيَّةٌ

الْيَمَنُ – يَمَنِيٌّ – يَمَنِيَّةٌ

باكِسْتَانُ – باكِسْتَانِيٌّ – باكِسْتَانِيَّةٌ

الْهِنْدُ – هِنْدِيٌّ – هِنْدِيَّةٌ

الصُّومَالُ – صُومَالِيٌّ – صُومَالِيَّةٌ

هُولَنْدَا – هُولَنْدِيٌّ – هُولَنْدِيَّةٌ

فَرَنْسَا – فَرَنْسِيٌّ – فَرَنْسِيَّةٌ

لِيبِيَا – لِيبِيٌّ – لِيبِيَّةٌ

أَلْمَانِيَا – أَلْمَانِيٌّ – أَلْمَانِيَّةٌ

اسْمُ الإِشَارَةِ لِلْبَعِيدِ

- اسْمُ الإِشَارَةِ لِلْبَعِيدِ الْعَاقِلِ:

ذَلِكَ مُعَلِّمٌ. أُولَئِكَ مُعَلِّمُونَ.
تِلْكَ مُعَلِّمَةٌ. أُولَئِكَ مُعَلِّمَاتٌ.

- اسْمُ الإِشَارَةِ لِلْبَعِيدِ غَيْرِ الْعَاقِلِ:

ذَلِكَ بَيْتٌ. تِلْكَ بُيُوتٌ.
تِلْكَ دَرَّاجَةٌ. تِلْكَ دَرَّاجَاتٌ.

الْمَاضِي 2

جَلَسَ (يَجْلِسُ)	كَتَبَ (يَكْتُبُ)	شَرِبَ (يَشْرَبُ)	الضَّمِيرُ
جَلَسَ	كَتَبَ	شَرِبَ	هُوَ
جَلَسَتْ	كَتَبَتْ	شَرِبَتْ	هِيَ
جَلَسَا	كَتَبَا	شَرِبَا	هُمَا
جَلَسَتَا	كَتَبَتَا	شَرِبَتَا	هُمَا

BEGRIJPEN EN SCHRIJVEN — اَلْفَهْمُ والْكِتَابَة

1. Maak af zoals in het voorbeeld.

1. أُكَمِّلُ النِّسْبَةَ كَالْمِثَالِ

1. مُحَمَّدٌ مِنْ مِصْرَ. هُوَ مِصْرِيٌّ.

2. خَدِيجَةُ مِنَ السُّودَانِ. هِيَ سُودَانِيَّةٌ.

3. مُصْطَفَى مِنَ الْيَابَانِ. هُوَ ....

4. خَوْلَةُ مِنَ الْعِرَاقِ. هِيَ ....

5. خَالِدٌ مِنْ سُورِيَا. هُوَ ....

6. نُورَةُ مِنْ فِلِسْطِينَ. هِيَ ....

7. هَارُونُ مِنْ هُولَنْدَا. هُوَ ....

8. إِسْمَاعِيلُ مِنْ إِنْدُونِيسِيَا. هُوَ ....

9. هِبَةُ مِنْ مُورِيتَانِيَا. هِيَ ....

10. حَمْزَةُ مِنَ الْكُوَيْتِ. هُوَ ....

2. Maak af in de verleden tijd: hij – zij — ‏2. أَكْمِلُ الْمَاضِي: هُوَ – هِيَ – هِيَ – هُمَا.

هُمَا رَاجَعَا	هِيَ رَاجَعَتْ	هُوَ رَاجَعَ	1. رَاجَعْتُ
هُمَا	هِيَ	هُوَ	2. تَعَلَّمْتُ
هُمَا	هِيَ	هُوَ	3. حَفِظْتُ
هُمَا	هِيَ	هُوَ	4. فَتَحْتُ
هُمَا	هِيَ	هُوَ	5. ذَهَبْتُ
هُمَا	هِيَ	هُوَ	6. أَغْلَقْتُ
هُمَا	هِيَ	هُوَ	7. صَعِدْتُ
هُمَا	هِيَ	هُوَ	8. خَرَجْتُ

3. Maak een vraag bij elk antwoord   3. أَصْنَعُ سُؤَالًا مَعَ كُلِّ جَوَابٍ .

مَاذَا – أَيْنَ – هَلْ – أ – كم – متى

1. .... ؟

لَا، هَذِهِ السَّيَّارَةُ لِأَخِي.

2. .... ؟

أُسَاعِدُ أُمِّي فِي الصَّبَاحِ.

3. .... ؟

نَعَمْ، أَحْفَظُ الْقُرْآنَ الْكَرِيمَ.

4. .... ؟

نُصَلِّي خَمْسَ مَرَّاتٍ فِي الْيَوْمِ.

5. .... ؟

الْمُدَرِّسُ يَقِفُ أَمَامَ السَّبُّورَةِ.

6. .... ؟

فِي الْحَقِيبَةِ تُفَّاحٌ وَعِنَبٌ وَمَوْزٌ.

| 4. Maak zinnen met behulp van de woorden | ‫4. أُكَوِّنُ جُمَلًا بِالْكَلِمَات‬ |

طَالِبٌ – أَرْجُو – الاسْتِرَاحَةُ – دُرُوسٌ – أُرَاجِعُ

1. ....

2. ....

3. ....

4. ....

5. ....

LESJE 9: IN DE KLAS   اَلدَّرْسُ التَّاسِعُ: فِي الْفَصْلِ

مَقَاعِدُ - رَكِبَ - يَأْخُذُ - لَا أَدْرِي - لَعَلَّ

LEZEN   اَلْقِرَاءَةُ

Yoesoef verliet het huis en ging op de fiets naar school.	خَرَجَ يُوسُفُ مِنَ الْبَيْتِ وَرَكِبَ الدَّرَّاجَةَ إِلَى الْمَدْرَسَةِ.
Het klaslokaal is ruim, erin zijn veel zitplaatsen en een grote boekenkast.	فَصْلُ الدِّرَاسَةِ وَاسِعٌ، فِيهِ مَقَاعِدُ كَثِيرَةٌ وَمَكْتَبَةٌ كَبِيرَةٌ.
De studenten zitten op de stoelen en pakken de boeken en schriften.	الطُّلَّابُ يَجْلِسُونَ عَلَى الْكَرَاسِيِّ وَيَأْخُذُونَ الْكُتُبَ وَالدَّفَاتِرَ.
De leraar betreedt het klaslokaal en begroet de studenten.	يَدْخُلُ الْمُدَرِّسُ الْفَصْلَ، وَيُسَلِّمُ عَلَى الطُّلَّابِ.
Van wie is dit boek, mijn kinderen?	الْمُدَرِّسُ: لِمَنْ هَذَا الْكِتَابُ يَا أَبْنَائِي؟
Dit is het boek van Hamid.	يُوسُفُ: هَذَا كِتَابُ حَامِدٍ.
En van wie is deze etui?	الْمُعَلِّمُ: وَلِمَنْ هَذِهِ الْمِقْلَمَةُ؟
Dit is de etui van Sa'd.	يُوسُفُ: هَذِهِ مِقْلَمَةُ سَعْدٍ.

En van wie is dit schrift?	المُعَلِّمُ: وَلِمَنْ هَذَا الدَّفْتَرُ؟
Ik weet het niet, meester. Misschien is dat het schrift van Khalid.	يُوسُفُ: لَا أَدْرِي يَا أُسْتَاذُ. لَعَلَّهُ دَفْتَرُ خَالِدٍ.
Ja. Dat is mijn schrift.	خَالِدٌ: نَعَمْ. ذَلِكَ دَفْتَرِي.
Is deze tas van jou, Khalid?	المُعَلِّمُ: هَلْ هَذِهِ اَلْحَقِيبَةُ لَكَ يَا خَالِدُ؟
Nee. Die tas is van Mohsin	خَالِدٌ: لَا. تِلْكَ الْحَقِيبَةُ لِمُحْسِنٍ.
En zijn deze schriften van jou, Sa'd?	المُعَلِّمُ: وَهَلْ هَذِهِ الدَّفَاتِرُ لَكَ يَا سَعْدُ؟
Ja, ze zijn van mij.	سَعْدٌ: نَعَمْ. هِيَ لِي.

GRAMMATICAREGELS — الْقَوَاعِدُ النَّحْوِيَّةُ

الْمُضَافُ وَالْمُضَافُ إِلَيْهِ

- لِمَنْ هَذَا الْكِتَابُ؟
- هَذَا الْكِتَابُ لِحَامِدٍ.   هَذَا كِتَابُ حَامِدٍ.

كِتَابٌ = مُضَافٌ　　　　　حَامِدٍ = مُضَافٌ إِلَيْهِ

لِمَنْ هَذِهِ الْمِقْلَمَةُ؟
هَذِهِ الْمِقْلَمَةُ لِهِنْدٍ.
هَذِهِ مِقْلَمَةُ هِنْدٍ.

لِمَنْ هَذَا الدَّفْتَرُ؟
هَذَا الدَّفْتَرُ لِخَالِدٍ
هَذَا دَفْتَرُ خَالِدٍ.

لِي – لَكَ – لَهُ – لَهَا ...

أَنَا	هَذَا الْمَنْزِلُ لِي.
أَنَا	هَذَا الْمَنْزِلُ لِي.
نَحْنُ	هَذَا الْمَنْزِلُ لَنَا.
أَنْتَ	هَذَا الْمَنْزِلُ لَكَ.
أَنْتِ	هَذَا الْمَنْزِلُ لَكِ.
أَنْتُمَا	هَذَا الْمَنْزِلُ لَكُمَا.
أَنْتُمْ	هَذَا الْمَنْزِلُ لَكُمْ.
أَنْتُنَّ	هَذَا الْمَنْزِلُ لَكُنَّ.
هُوَ	هَذَا الْمَنْزِلُ لَهُ.
هِيَ	هَذَا الْمَنْزِلُ لَهَا.
هُمَا	هَذَا الْمَنْزِلُ لَهُمَا.
هُمْ	هَذَا الْمَنْزِلُ لَهُمْ.
هُنَّ	هَذَا الْمَنْزِلُ لَهُنَّ.

المَاضِي 3

جَلَسَ (يجلس)	كَتَبَ (يكتب)	شَرِبَ (يشرب)	الضَّمِيرُ
جَلَسْتُمْ	كَتَبْتُمْ	شَرِبْتُمْ	أَنْتُمْ
جَلَسْتُنَّ	كَتَبْتُنَّ	شَرِبْتُنَّ	أَنْتُنَّ
جَلَسُوا	كَتَبُوا	شَرِبُوا	هُمْ
جَلَسْنَ	كَتَبْنَ	شَرِبْنَ	هُنَّ

تَصْرِيفُ الْفِعْلِ الْمَاضِي كَامِلاً

أَنَا دَرَسْتُ

هِيَ دَرَسَتْ

نَحْنُ دَرَسْنَا

هُمَا دَرَسَا

هُمَا دَرَسَتَا

أَنْتَ دَرَسْتَ

هُمْ دَرَسُوا

أَنْتِ دَرَسْتِ

هُنَّ دَرَسْنَ

أَنْتُمَا دَرَسْتُمَا

أَنْتُمْ دَرَسْتُمْ

أَنْتُنَّ دَرَسْتُنَّ

هُوَ دَرَسَ

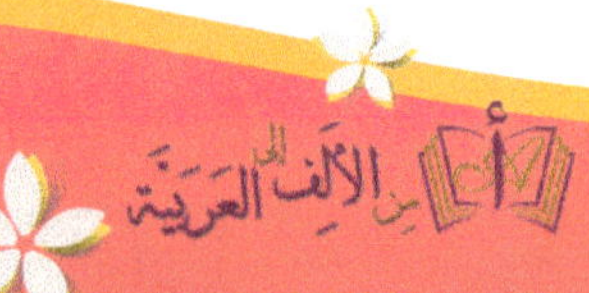

BEGRIJPEN EN SCHRIJVEN — اَلْفَهْمُ والْكِتَابَة

1. Maak af in de verleden tijd: zij – jullie — ‏.1 أُكَمِّلُ الْمَاضِي: هُمْ – هُنَّ – أَنْتُمْ - أَنْتُنَّ:

أَنْتُمْ فَهِمْتُمْ	هُنَّ فَهِمْنَ	هُمْ فَهِمُوا	‏.1 فَهِمْتُ
أَنْتُمْ	هُنَّ	هُمْ	‏.2 أَخَذْتُ
أَنْتُمْ	هُنَّ	هُمْ	‏.3 شَكَرْتُ
أَنْتُمْ	هُنَّ	هُمْ	‏.4 لَعِبْتُ
أَنْتُمْ	هُنَّ	هُمْ	‏.5 عَمِلْتُ
أَنْتُمْ	هُنَّ	هُمْ	‏.6 قَرَأْتُ
أَنْتُمْ	هُنَّ	هُمْ	‏.7 كَتَبْتُ
أَنْتُمْ	هُنَّ	هُمْ	‏.8 سَأَلْتُ

2.أُ حَوِّلُ مِنَ المُضَارِعِ إِلَى المَاضِي: 2. Vervoeg van T.T naar V.T.

1. الطَّالِبَاتُ يَدْرُسْنَ اللُّغَةَ الْعَرَبِيَّةَ وَالْقُرْآنَ.

....

2. المُسْلِمُونَ يَعْبُدُونَ اللهَ.

....

3. يَغْسِلُ مُحَمَّدٌ يَدَيْهِ بِالصَّابُونِ.

....

4. أَنْتِ تَذْهَبِينَ إِلَى مَكَّةَ لِلْحَجِّ.

....

3.أُ حَوِّلُ مِنَ المَاضِي إِلَى المُضَارِعِ:   3. Vervoeg van V.T naar T.T.

1. رَكِبَتْ حَلِيمَةُ الطَّائِرَةَ.

....

2. أَحْمَدُ وَصَالِحُ لَعِبَا في الْحَدِيقَةِ.

....

3. فَتَحَ الْمُدَرِّسُ السِّتَارَ.

....

4. أَنْتُمْ أَخَذْتُمْ كُتُبَكُمْ مِنَ الْحَقَائِب.

....

4. أَكْمِلُ المُضَافَ والمُضَافَ إِلَيْهِ:   4. Maak af.

1. قَلَمٌ + مُحَمَّدٌ = قَلَمُ مُحَمَّدٍ

2. غُرْفَةٌ + النَّوْمُ = غُرْفَةُ النَّوْمِ

3. صَالَةٌ + الجُلُوسُ = ...

4. سَيَّارَةٌ + الْأَبُ = ...

5. دَفْتَرٌ + الطَّالِبُ = ...

6. اسْمٌ + الْوَلَدُ = ...

7. حَقِيبَةٌ + الأُمُّ = ...

8. بَابٌ + المَدْرَسَةُ = ...

9. قَمِيصٌ + سَعِيدٌ = ...

10. حِذَاءٌ + هِنْدٌ = ...

11. بِنْتٌ + الطَّبِيبُ = ...

Thema 4

اَلْوَحْدَةُ 4 – الأزْمَانُ

THEMA 4 – DE TIJDEN

المَوَاضِيعُ: فُصُولُ السَّنَةِ – الأَزْمَانُ وَالسَّاعَةُ – عُطْلَةٌ إِلَى المَغْرِبِ

Onderwerpen: de seizoenen – tijden en klok – op vakantie naar Marokko

Wat gaan we leren:　مَاذَا نَدْرُس:

* 36 nieuwe woordjes　　*　36 مِنَ الكَلِمَات الجَدِيدَة

* Kloklezen　　*　السَّاعَةُ

* Grammatica:　　*　النَّحْوُ:

  - Damaa-ir annasb　　－　ضَمَائِرُ النَّصْبِ مَعَ الأَفْعَالِ

  - Vragen met harf ul-jarr　　－　الاِسْتِفْهَامُ مَعَ حَرْفِ الجَرِّ

  - Al-ism al-mawsul　　－　الاسْمُ المَوْصُولُ

  - Vraagwoorden　　－　أَدَوَاتُ الاِسْتِفْهَام

هَيَّا نَبْدَأْ!

LESJE 10: DE SEIZOENEN   اَلدَّرْسُ العَاشِرُ: فُصُولُ السَّنَةِ

الشِّتَاءُ - يَكُونُ - الْبَرْدُ - شَدِيدًا - الْمَطَارُ - أَلْبَسُ - الْوُصُولُ - يُقَابِلُ - أُسَافِرُ - جَوَازَ السَّفَرِ - أَرْكَبُ - يُعْجِبُنِي - أَسْتَمِعُ - أَرَى - أَصْوَاتٌ - الطُّيُورُ

LEZEN   اَلْقِرَاءَةُ

1. De herfst	١. فَصْلُ الخَرِيفِ
In de herfst begin ik met studeren op de universiteit.	فِي فَصْلِ الخَرِيفِ أَبْدَأُ الدِّرَاسَةَ فِي الْجَامِعَةِ.
Ik leer de Arabische taal en de Islamitische religie.	أَتَعَلَّمُ اللُّغَةَ العَرَبِيَّةَ وَالدِّينَ الإِسْلَامِيَّ.
Ik hoop dat Allah mij succes schenkt in het opdoen van kennis.	أَرْجُو مِنَ اللهِ تَعَالَى التَّوْفِيقَ فِي طَلَبِ الْعِلْمِ.

2. De winter	٢. فَصْلُ الشِّتَاءِ
In de winter is het erg koud.	فِي فَصْلِ الشِّتَاءِ يَكُونُ الْبَرْدُ شَدِيدًا.
Ik draag veel kleren en ik ga niet vaak het huis uit.	أَلْبَسُ ثِيَابًا كَثِيرَةً وَلَا أَخْرُجُ مِنَ الْبَيْتِ كَثِيرًا.
Ik zit op de bank en herhaal mijn lessen.	أَجْلِسُ عَلَى الأَرِيكَةِ وَأُرَاجِعُ دُرُوسِي.

3. De zomer.	‫3.‬ فَصْلُ الصَّيْفِ
In de zomer reis ik naar mijn familie in Marokko.	فِي فَصْلِ الصَّيْفِ أُسَافِرُ إِلَى أَهْلِي فِي المَغْرِبِ.
Ik maak mijn tassen klaar en ik draag het paspoort.	أُجَهِّزُ حَقَائِبِي وَأَحْمِلُ جَوَازَ السَّفَرِ.
Daarna neem ik het vliegtuig naar Marokko.	ثُمَّ أَرْكَبُ الطَّائِرَةَ إِلَى المَغْرِبِ.
Bij aankomst, ontvangt mijn broer mij op het vliegveld met vreugde.	عِنْدَ الوُصُولِ، يُقَابِلُنِي أَخِي فِي المَطَارِ بِسُرُورٍ.

4. De lente.	‫4.‬ فَصْلُ الرَّبِيعِ
Ik houd van de lente.	أَنَا أُحِبُّ فَصْلَ الرَّبِيعِ.
In de lente is de aarde groen en mooi.	فِي فَصْلِ الرَّبِيعِ تَكُونُ الأَرْضُ خَضْرَاءَ وَجَمِيلَةً.
Ik vind het leuk om naar de parken te gaan.	يُعْجِبُنِي أَنْ أَخْرُجَ إِلَى الحَدَائِقِ.
En de rode, gele en blauwe bloemen te zien.	وَأَرَى الوُرُودَ الحَمْرَاءَ وَالصَّفْرَاءَ وَالزَّرْقَاءَ.
En om te luisteren naar de geluiden van de grote en kleine vogels.	وَأَسْتَمِعُ إِلَى أَصْوَاتِ الطُّيُورِ الكَبِيرَةِ وَالصَّغِيرَةِ.

GRAMMATICAREGELS

القَوَاعِدُ النَّحْويَّةُ

يُعْجِبُني

أَنَا يُعْجِبُني

نَحْنُ يُعْجِبُنَا

هُوَ يُعْجِبُهُ	أَنْتَ يُعْجِبُكَ
هِيَ يُعْجِبُهَا	أَنْتِ يُعْجِبُكِ
هُمَا يُعْجِبُهُما	أَنْتُمَا يُعْجِبُكُمَا
هُمْ يُعْجِبُهُمْ	أَنْتُمْ يُعْجِبُكُمْ
هُنَّ يُعْجِبُهُنَّ	أَنْتُنَّ يُعْجِبُكُنَّ

قَبْلَ – بَعْدَ

فَصْلُ الرَّبِيعِ قَبْلَ فَصْلِ الصَّيْفِ

فَصْلُ الشِّتَاءِ بَعْدَ فَصْلِ الخَرِيفِ.

يَوْمُ الخَمِيسِ قَبْلَ يَوْمِ الجُمُعَةِ.

يَوْمُ الثُّلاثاءِ بَعْدَ يَوْمِ الإِثْنَيْنِ.

أُراجِعُ دُرُوسِي قَبْلَ النَّوْمِ.

أَنَامُ بَعْدَ صَلاةِ العِشَاءِ.

BEGRIJPEN EN SCHRIJVEN   اَلْفَهْمُ والْكِتَابَة

1. Beantwoord de vragen.   ‏1. أُجِيبُ عَنِ الْأَسْئِلَةِ.

‏1. مَا عَدَدُ فُصُولِ السَّنَةِ؟

....

‏2. مَاذَا أَفْعَلُ فِي فَصْلِ الشِّتَاءِ؟

....

‏3. مَاذَا أَلْبَسُ فِي فَصْلِ الشِّتَاءِ؟

....

‏4. أَيْنَ أُسَافِرُ فِي فَصْلِ الصَّيْفِ؟

....

‏5. مَاذَا يُعْجِبُنِي مِنْ فَصْلِ الرَّبِيعِ؟

....

‏6. كَيْفَ أُسَافِرُ؟

....

٢. أُحَوِّلُ الجُمَلَ مِنْ ضَمِيرِ (أَنَا) إِلَى ضَمِيرِ (أَنْتِ) وَ(نَحْنُ)

2. Verander de zinnen van ik-vorm naar jij (vrouwelijk) en wij

١. أَنَا أَكَلْتُ التُّفَّاحَةَ.

نَحْنُ أَكَلْنَا التُّفَّاحَةَ.   أَنْتِ أَكَلْتِ التُّفَّاحَةَ.

٢. أَنَا كَتَبْتُ الأَسْئِلَةَ.

....

٣. أَنَا سَافَرْتُ إِلَى مَكَّةَ.

....

٤. أَنَا فَهِمْتُ الدَّرْسَ.

....

٥. أَنَا تَعَلَّمْتُ الكِتَابَةَ والقِرَاءَةَ.

....

٦. أَنَا أَحْبَبْتُ أَهْلِي.

....

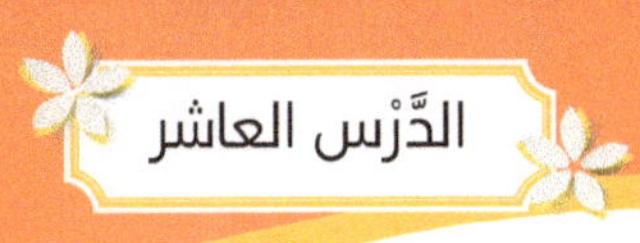

3. أَقْرَأُ وَأُكْمِلُ بِجُمَلٍ مِنْ عِنْدِي كَالمِثَالِ:

3. Maak de zinnen af zoals in het voorbeeld.

1. يُعْجِبُنِي أَنْ أُسَافِرَ إِلَى المَغْرِبِ.

2. يُعْجِبُنِي أَنْ أَحْفَظَ الْقُرْآنَ.

3. يُعْجِبُنِي أَنْ آكُلَ الْحَلْوَى.

4. يُعْجِبُنِي أَنْ ....

5. يُعْجِبُنِي أَنْ ....

6. يُعْجِبُنِي أَنْ ....

7. يُعْجِبُنِي أَنْ ....

4. Beantwoord zoals in het voorbeeld.   ٤. أُجِيب كَمَا فِي المِثَالِ.

١. مَتَى يَأْتِي فَصْلُ الخَرِيفِ؟

يَأْتِي فَصْلُ الخَرِيفِ بَعْدَ فَصْلِ الصَّيْفِ.

٢. مَتَى يَأْتِي فَصْلُ الشِّتَاءِ؟

قَبْلَ/ ....

٣. مَتَى يَأْتِي فَصْلُ الرَّبِيعِ؟

بَعْدَ/ ....

٤. مَتَى يَأْتِي فَصْلُ الصَّيْفِ؟

قَبْلَ/ ....

آلدَّرْسُ الْحَادِي عَشَرَ: الأَزْمَانُ وَالسَّاعَةُ

LESJE 11: TIJDEN EN KLOKLEZEN

السَّاعَةُ - شَهْرٌ - يَوْمٌ - سَاعَةٌ - دَقِيقَةٌ
ثَانِيَةٌ - تَارِيخٌ - نِصْفٌ - ثُلُثٌ - رُبُعٌ

LEZEN

اَلْقِرَاءَةُ

Wat is de datum van vandaag, Khalid?	- مَا هُوَ تَارِيخُ الْيَوْمِ يَا خَالِدُ؟
Vandaag is het dinsdag, de negentiende dag van de maand Dhul-Hidja.	• الْيَوْمُ هُوَ يَوْمُ الثُّلَاثَاءِ، التَّاسِعَ عَشَرَ مِنْ شَهْرِ ذِي الْحِجَّةِ.
Wanneer beginnen de lessen?	- مَتَى تَبْدَأُ الدِّرَاسَةُ؟
De lessen beginnen over vijf dagen, in sha Allah.	• تَبْدَأُ الدِّرَاسَةُ بَعْدَ خَمْسَةِ أَيَّامٍ إِنْ شَاءَ اللَّهُ.
Heb je de nieuwe leraar gezien?	- هَلْ رَأَيْتَ الْمُعَلِّمَ الْجَدِيدَ؟
Ja, ik heb hem gezien. Ik ben naar hem gegaan en heb hem begroet.	• نَعَمْ. رَأَيْتُهُ. ذَهَبْتُ إِلَيْهِ، وَسَلَّمْتُ عَلَيْهِ.
Is hij een vriendelijke leraar?	- هَلْ هُوَ مُعَلِّمٌ لَطِيفٌ؟
Ja, hij is een vriendelijke leraar.	• نَعَمْ. هُوَ مُعَلِّمٌ لَطِيفٌ.

Hoeveel seizoenen zijn er in het jaar?	- كَمْ فَصْلًا فِي السَّنَةِ؟
In een jaar zijn vier seizoenen.	• فِي السَّنَةِ أَرْبَعَةُ فُصُولٍ.
De lente, de zomer, de herfst en de winter.	الرَّبِيعُ، وَالصَّيْفُ، وَالخَرِيفُ، وَالشِّتَاءُ.

فِي السَّنَةِ اثْنَا عَشَرَ شَهْرًا.

فِي الشَّهْرِ ثَلَاثُونَ يَوْمًا، أَوْ تِسْعَةٌ وَعِشْرُونَ يَوْمًا.

فِي اليَوْمِ أَرْبَعَةٌ وَعِشْرُونَ ساعَةً.

فِي السَّاعَةِ سِتُّونَ دَقِيقَةً.

فِي الدَّقِيقَةِ سِتُّونَ ثانِيَةً.

السَّاعَةُ

كَمِ السَّاعَةُ الآنَ يَا خَالِدُ؟

السَّاعَةُ الآنَ الوَاحِدَةُ.

الخَامِسَةُ وَعَشْرُ دَقَائِقَ

السَّادِسَةُ وَخَمْسُ دَقَائِقَ

الثّامِنَةُ والثُّلُثُ

السَّابِعَةُ والرُّبْعُ.

الرّابِعَةُ إِلّا ثُلُثًا

العَاشِرَةَ والنِّصْفُ.

الثّانِيَةُ إِلّا خَمْسَ دَقَائِقَ

الثّالِثَةُ إِلّا رُبْعًا

BEGRIJPEN EN SCHRIJVEN | اَلْفَهْمُ والْكِتَابَة

1. Maak de tijden af. | 1. أُكَمِّلُ الأَزْمَان

1. السَّنَةِ اثْنَا عَشَرَ ....

2. فِي الشَّهْرِ ثَلَاثُونَ ....،

أَوْ تِسْعَةٌ وَعِشْرُونَ ....

3. في الْيَوْمِ أَرْبَعَةٌ وَعِشْرُونَ ....

4. في السَّاعَةِ سِتُّونَ ....

5. في الدَّقِيقَةِ سِتُّونَ ....

6. فِي السَّنَةِ أَرْبَعَةُ ....:

الرَّبِيعُ – .... – .... – ....

2. Verander de zin.
أُغَيِّرُ الْفِعْلَ مَعَ الضَّمِيرِ.

1. أَنَا رَأَيْتُ الْمُعَلِّمَةَ فَسَلَّمْتُ عَلَيْهَا.

2. أَنْتِ ....

3. أَنْتُمَا ....

4. أَنْتُنَّ ....

5. هِيَ ....

6. هُمَا ....

7. هُنَّ ....

3. Vertel. Wat doe je in ieder seizoen?
أُعَبِّرُ. مَاذَا أَفْعَلُ فِي كُلِّ فَصْلٍ؟

1. فِي فَصْلِ الصَّيْفِ ....

2. فِي فَصْلِ الْخَرِيفِ ....

3. فِي فَصْلِ الشِّتَاءِ ....

4. فِي فَصْلِ الرَّبِيعِ ....

4. Maak zinnen met deze woorden — ٤. أُكَوِّنُ جُمَلًا بِهَذِهِ الْكَلِمَاتِ

أَلْبَسُ – أُسَافِرُ – طُيُورٌ – أَسْتَمِعُ – أَرْكَبُ

١. ....

٢. ....

٣. ....

٤. ....

٥. ....

اَلدَّرْسُ الثَّانِي عَشَرَ: عُطْلَةٌ إِلَى المَغْرِبِ

LESJE 12: OP VAKANTIE NAAR MAROKKO

أُرِيدُ - أَزُورُ - الجَوُّ - مُعْتَدِلٌ - الطَّبِيعَةُ
القَرْيَةُ - رَائِعٌ - قَضَاءُ - الأَصْدِقَاءُ - الَّتِي

LEZEN   اَلْقِرَاءَةُ

Wanneer reis je naar Marokko, Hamza?	مَتَى تُسَافِرُ إِلَى المَغْرِبِ يَا حَمْزَةُ؟
Ik reis naar Marokko over vijf dagen.	أُسَافِرُ إِلَى المَغْرِبِ بَعْدَ خَمْسَةِ أَيَّامٍ.
Ma sha Allah. En waarom reis je naar Marokko?	مَا شَاءَ اللَّهُ. وَلِمَاذَا تُسَافِرُ إِلَى المَغْرِبِ؟
Ik wil mijn familie bezoeken. Zij wonen in Marokko.	أُرِيدُ أَنْ أَزُورَ أَهْلِي. هُمْ يَسْكُنُونَ فِي المَغْرِبِ.
In welke stad woont je familie?	فِي أَيِّ مَدِينَةٍ يَسْكُنُ أَهْلُكَ؟
Zij wonen in de stad Agadir.	هُمْ يَسْكُنُونَ فِي مَدِينَةِ أَكَادِيرَ.
Agadir is een mooie stad.	أَكَادِيرُ مَدِينَةٌ جَمِيلَةٌ.
Het weer is mild, en de natuur is mooi.	الجَوُّ مُعْتَدِلٌ، وَالطَّبِيعَةُ جَمِيلَةٌ.

Waar ga je nog meer naar toe?	وَإِلَى أَيْنَ تَذْهَبُ أَيْضًا؟
Ik wil graag het dorp bezoeken waar mijn opa en oma wonen.	أُحِبُّ أَنْ أَزُورَ الْقَرْيَةَ الَّتِي يَسْكُنُ فِيهَا جَدِّي وَجَدَّتِي.
Het dorp is een fantastische plek om de zomerdagen door te brengen, met familie en vrienden.	الْقَرْيَةُ مَكَانٌ رَائِعٌ لِقَضَاءِ أَيَّامِ الصَّيْفِ، مَعَ الْأَهْلِ وَالْأَصْدِقَاءِ.
Ik vraag Allah om jou een mooie vakantie te schenken.	أَسْأَلُ اللَّهَ لَكَ عُطْلَةً جَمِيلَةً.

GRAMMATICAREGELS

الْقَوَاعِدُ النَّحْوِيَّةُ

الِاسْتِفْهَامُ مَعَ حَرْفِ الْجَرِّ

بِ + مَاذَا

- بِمَاذَا يَلْعَبُ الطِّفْلُ؟

يَلْعَبُ الطِّفْلُ بِالسَّيَّارَةِ الصَّغِيرَةِ.

- بِمَاذَا يَكْتُبُ زَيْدٌ؟

يَكْتُبُ زَيْدٌ بِالْقَلَمِ.

لِ + مَاذَا

- لِمَاذَا تَجْتَهِدُ فِي الدُّرُوسِ؟

أَجْتَهِدُ لِأَنْجَحَ.

لِمَاذَا نَعْبُدُ اللَّهُ؟   نَعْبُدُ اللَّهِ لِأَنَّ اللَّهَ هُوَ اَلَّذِي خَلَقَنَا وَرَبَّانَا بِنِعَمِهِ.

الاسْمُ المَوْصُولُ

هَذَا هُوَ الطَّالِبُ اَلَّذِي سَافَرَ إِلَى المَغْرِبِ.

هَذِهِ هِيَ الطَّالِبَةُ اَلَّتِي سَافَرَتْ إِلَى المَغْرِبِ.

هَذَانِ هُمَا اَلطَّالِبَانِ اَللَّذَانِ سَافَرَا إِلَى المَغْرِبِ.

هَاتَانِ هُمَا اَلطَّالِبَتَانِ اَللَّتَانِ سَافَرَتَا إِلَى المَغْرِبِ.

هَؤُلَاءِ هُمُ الطُّلَّابُ اَلَّذِينَ سَافَرُوا إِلَى المَغْرِبِ.

هَؤُلَاءِ هُنَّ الطَّالِبَاتُ اَللَّاتِي سَافَرْنَ إِلَى المَغْرِبِ.

الأَسْمَاءُ المَوْصُولَةُ سِتَّةٌ :

اَلَّذِي = لِلْمُفْرَدِ المُذَكَّرِ

اَلَّتِي = لِلْمُفْرَدِ المُؤَنَّثِ، وَلِجَمْعِ غَيْرِ الْعَاقِلِ.

اَللَّذَانِ = لِلْمُثَنَّى المُذَكَّرِ

اَللَّتَانِ = لِلْمُثَنَّى المُؤَنَّثِ

اَلَّذِينَ = لِجَمْعِ الْعَاقِلِ الْمُذَكَّرِ

اَللَّاتِي = لِجَمْعِ الْعَاقِلِ الْمُؤَنَّثِ.

أَمْثِلَةٌ :

- هَذَانِ هُمَا التِّلْمِيذَانِ اللَّذَانِ يَحْفَظَانِ الْقُرْآنَ الْكَرِيمَ.

- أَيْنَ الْكُتُبُ اَلَّتِي اشْتَرَيْتَ يَا مُحَمَّدُ؟

- هِيَ فَوْقَ الْمَكْتَبِ اَلَّذِي بِجَانِبِ النَّافِذَةِ.

- الْمُعَلِّمُ يُحِبُّ التَّلَامِيذَ اَلَّذِينَ يَجْتَهِدُونَ فِي الدَّرْسِ.

- كُلُّ الطَّالِبَاتِ اَللَّاتِي يَدْرُسْنَ فِي الْمَعْهَدِ مِنْ هُولَنْدَا.

مَعَ

ذَهَبْتُ مَعَ أَبِي إِلَى الْمَسْجِدِ.

خَرَجَ يُونُسُ مَعَ زَيْدٍ.

أُرِيدُ أَنْ أُسَافِرَ مَعَكَ.

رَاجَعَ مُحَمَّدٌ الدَّرْسَ مَعِي.

BEGRIJPEN EN SCHRIJVEN   اَلْفَهْمُ والْكِتَابَة

1. أَكْمِلْ بِاسْمِ مَوْصُولٍ مُنَاسِب   1. Maak af met een passende ism mawsoel.

الذِي – الَّتِي – اللَّذَانِ – اللَّتَانِ – الَّذِينَ – اللَّاتِي

١. هَذِهِ هِيَ الْمَدْرَسَةُ .... نَتَعَلَّمُ فِيهَا الْعَرَبِيَّةَ.

٢. وَهَؤُلَاءِ هُنَّ الطَّالِبَاتُ .... يَدْرُسْنَ فِي الْمُسْتَوَى الْأَوَّلِ.

٣. سَلْمَى وَأُخْتُهَا هُمَا الطَّالِبَتَانِ .... تَرْكَبَانِ الْحَافِلَةَ.

٤. أَخُوهُمَا زَيْدٌ هُوَ .... يَذْهَبُ مَعَهُمَا فِي الطَّرِيقِ.

٥. أُمُّهُمَا مَرْيَمُ هِيَ .... تَعْمَلُ طَبِيبَةً.

٦. إِسْمَاعِيلُ وَعَبْدُ اللهِ هُمَا الطَّالِبَانِ .... يُحِبَّانِ الْقِرَاءَةَ.

٧. وَكَرِيمٌ وَحُذَيْفَةُ وَعُبَيْدَةُ هُمُ الطُّلَّابُ .... يُحِبُّونَ الْكِتَابَةَ.

2. أَمْلَأُ الفَرَاغَ بِالكَلِمَةِ المُنَاسِبَةِ.

2. Vul in met het passende woord.

امْرَأَةٌ - أَقْلَامٌ - خَضْرَاوَاتٌ - طُلَّابٌ - جَدَّاتٌ - سَرِيرَانِ - هَاتِفٌ - وَرْدَتَانِ

5. هَذِهِ		1. هَذَا ....
6. هَؤُلَاءِ		2. هَاتَانِ ....
7. هَذَانِ		3. هَذِهِ ....
8. هَذِهِ		4. هَؤُلَاءِ ....

3. أُصَرِّفُ الفِعْلَ كَامِلًا فِي المَاضِي وَالمُضَارِع

3. Vervoeg het werkwoord in V.T. en T.T

مُضَارِع	مَاضِي	فِعْلُ "عَلِمَ"
أَعْلَمُ	عَلِمْتُ	أَنَا
....	....	نَحْنُ
....	....	أَنْتَ
....	....	أَنْتِ

....	....	أَنْتُمَا (مُذَكَّر)
....	....	أَنْتُمَا (مُؤَنَّث)
....	....	أَنْتُمْ
....	....	أَنْتُنَّ
....	....	هُوَ
....	....	هِيَ
....	....	هُمَا (مُذَكَّر)
....	....	هُمَا (مُؤَنَّث)
....	....	هُمْ
....	....	هُنَّ

اَلْوَحْدَةُ 5 – الصِّفَاتُ

Thema 5 THEMA 5 – EIGENSCHAPPEN

اَلْمَوَاضِيعُ: الصِّفَاتُ – أَنَا جَوْعَانُ – مُرَاجَعَةٌ

Onderwerpen: eigenschappen – ik heb honger – herhaling

WAT GAAN WE LEREN: مَاذَا نَدْرُسُ:

* 35 nieuwe woordjes

    * 35 مِنَ الْكَلِمَات الْجَدِيدَة

* De eigenschappen, mannelijk en vrouwelijk

    * الصِّفَات مُذَكَّر وَمُؤَنَّث

* Grammatica:

    * النَّحْوُ:

  - Het werkwoord in de gebiedende wijs

    - فِعْلُ الأَمْرِ

  - Het werkwoord voor 'niet'

    - فِعْلُ "لَيْسَ"

هَيَّا نَبْدَأْ!

LESJE 13: EIGENSCHAPPEN   اَلدَّرْسُ الثَّالِثَ عَشَر: الصِّفَاتُ

كَرِيمٌ - بَخِيلٌ	مُجْتَهِدٌ - كَسُولٌ
قَدِيمٌ - جَدِيدٌ	مَرِيضٌ - سَلِيمٌ
وَاسِعٌ - ضَيِّقٌ	سَعِيدٌ – حَزِينٌ
صَغِيرٌ - كَبِيرٌ	ذَكِيٌّ - غَبِيٌّ

طَوِيلٌ - قَصِيرٌ

LEZEN   اَلْقِرَاءَةُ

Sa'd is een ijverige student.	سَعْدٌ طَالِبٌ مُجْتَهِدٌ
Yoesoef is een luie student.	يُوسُفُ طَالِبٌ كَسُولٌ
Mohammed is een slimme leerling.	مُحَمَّدٌ تِلْمِيذٌ ذَكِيٌّ
Ayman is een domme leerling.	أَيْمَنُ تِلْمِيذٌ غَبِيٌّ
Dit is een vrijgevige man.	هَذَا رَجُلٌ كَرِيمٌ
Dit is een gierige man.	هَذَا رَجُلٌ بَخِيلٌ
Moesa is een verdrietige jongen.	مُوسَى وَلَدٌ حَزِينٌ

Hiba is een gelukkig meisje.	هِبَةُ بِنْتٌ سَعِيدَةٌ
Dit is een zieke man.	هَذَا رَجُلٌ مَرِيضٌ
Dit is een gezonde vrouw.	هَذِهِ امْرَأَةٌ سَلِيمَةٌ
Dit is een lange boom.	هَذِهِ شَجَرَةٌ طَوِيلَةٌ
Dit is een korte boom.	هَذِهِ شَجَرَةٌ قَصِيرَةٌ
Dit is een groot huis.	هَذَا مَنْزِلٌ كَبِيرٌ
Dit is een klein huis.	هَذَا مَنْزِلٌ صَغِيرٌ
Dit is een nieuwe auto.	هَذِهِ سَيَّارَةٌ جَدِيدَةٌ
Dit is een oude auto.	هَذِهِ سَيَّارَةٌ قَدِيمَةٌ
Dit is een wijde qamis.	هَذَا قَمِيصٌ وَاسِعٌ
Dit is een krappe qamis.	هَذَا قَمِيصٌ ضَيِّقٌ

GRAMMATICAREGELS   القَوَاعِدُ النَّحْوِيَّةُ

فِعْلُ الأَمْرِ

تَشْرَبُ – اِشْرَبْ

تَشْرَبِينَ – اِشْرَبِي

تَشْرَبَانِ – اِشْرَبَا

تَشْرَبُونَ – اِشْرَبُوا

تَشْرَبْنَ – اِشْرَبْنَ

جَلَسَ (يَجْلِسُ)	كَتَبَ (يَكْتُبُ)	شَرِبَ (يَشْرَبُ)	الضَّمِيرُ
اِجْلِسْ	اُكْتُبْ	اِشْرَبْ	أَنْتَ
اِجْلِسِي	اُكْتُبِي	اِشْرَبِي	أَنْتِ
اِجْلِسَا	اُكْتُبَا	اِشْرَبَا	أَنْتُمَا
اِجْلِسُوا	اُكْتُبُوا	اِشْرَبُوا	أَنْتُمْ
اِجْلِسْنَ	اُكْتُبْنَ	اِشْرَبْنَ	أَنْتُنَّ

إِذَا كَانَ الْحَرْفُ الثَّالِثُ مَكْسُورًا أَوْ مَفْتُوحًا، تَكُونُ الْهَمْزَةُ مَكْسُورَةً. وَإِذَا كَانَ الْحَرْفُ الثَّالِثُ مَضْمُومًا تَكُونُ الْهَمْزَةُ مَضْمُومَةً أَيْضًا.

أُلَاحِظُ الأَفْعَال

ضَحِكَ – يَضْحَكُ – اِضْحَكْ

شَرِبَ – يَشْرَبُ – اِشْرَبْ

صَعِدَ – يَصْعَدُ – اِصْعَدْ

قَرَأَ – يَقْرَأُ – اِقْرَأْ

رَكَعَ – يَرْكَعُ – اِرْكَعْ

جَلَسَ – يَجْلِسُ – اِجْلِسْ

غَسَلَ – يَغْسِلُ – اِغْسِلْ

دَرَسَ – يَدْرُسُ – أُدْرُسْ

كَتَبَ – يَكْتُبُ – أُكْتُبْ

سَجَدَ – يَسْجُدُ – أُسْجُدْ

VAN ALIF
TOT ARABISCH

أَتَعَلَّمُ الآنَ العَرَبِيَّة

BEGRIJPEN EN SCHRIJVEN   اَلْفَهْمُ وَالْكِتَابَة

1. Vervoeg het werkwoord zoals in het voorbeeld.   .1 أُصَرِّفُ الفعل كالمثال

أُكْتُبْ	يَكْتُبُ	1. كَتَبَ
....	....	2. قَرَأَ
....	يَدْرُسُ	3. ....
اِحْفَظْ	....	4. ....
....	....	5. فَهِمَ
....	....	6. غَسَلَ

2. Maak af in de gebiedende wijs: jij, jullie (tweevoud).   .2 أُكْمِلُ الأَمْر: أَنْتَ – أَنْتِ – أَنْتُمَا

أَنْتُمَا اِلْعَبَا	أَنْتِ اِلْعَبِي	أَنْتَ اِلْعَبْ	1. لَعِبَ
أَنْتُمَا	أَنْتِ	أَنْتَ	2. سَجَدَ
أَنْتُمَا	أَنْتِ	أَنْتَ	3. رَكَعَ
أَنْتُمَا	أَنْتِ	أَنْتَ	4. سَمِعَ
أَنْتُمَا	أَنْتِ	أَنْتَ	5. ذَهَبَ

6. قَطَعَ   أَنْتَ ....   أَنْتِ ....   أَنْتُمَا ....

7. رَسَمَ   أَنْتَ ....   أَنْتِ ....   أَنْتُمَا ....

8. عَبَدَ   أَنْتَ ....   أَنْتِ ....   أَنْتُمَا ....

3. أَكْتُبُ الضِّدَّ المُنَاسِبَ — 3. Schrijf het woord met de tegenovergestelde betekenis.

بَخِيلَةٌ – صَغِيرٌ – كَسُولٌ – كَبِيرَةٌ – ضَيِّقَة – قَصِيرٌ – قَدِيمٌ

1. هَذِهِ حُجْرَةٌ وَاسِعَةٌ   هَذِهِ حُجْرَةٌ ضَيِّقَةٌ

2. هَذَا مَسْجِدٌ كَبِيرٌ   هَذَا مَسْجِدٌ ....

3. هَذَا رَجُلٌ طَوِيلٌ.   هَذَا رَجُلٌ ....

4. هَذِهِ طِفْلَةٌ صَغِيرَةٌ.   هَذِهِ طِفْلَةٌ ....

5. هَذَا قَمِيصٌ جَدِيدٌ.   هَذَا قَمِيصٌ ....

6. هَذَا تِلْمِيذٌ مُجْتَهِدٌ.   هَذَا تِلْمِيذٌ ....

7. هَذِهِ امْرَأَةٌ كَرِيمَةٌ.   هَذِهِ امْرَأَةٌ ....

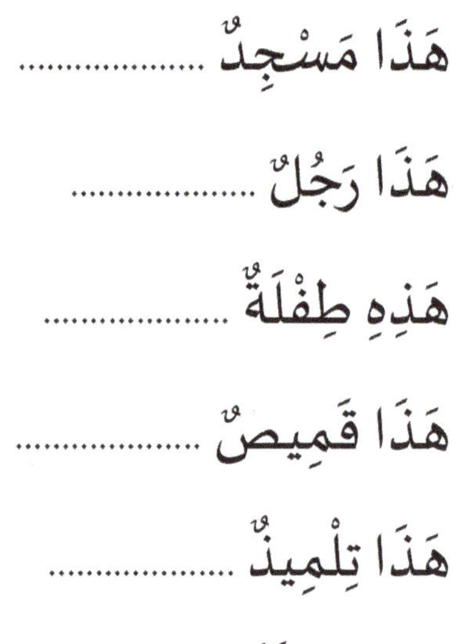

LESJE 14: EIGENSCHAPPEN 2   اَلدَّرْس الرَّابِع عَشَر: الصِّفَاتُ

شَبْعَانُ - جَوْعَانُ	شُجَاعٌ - جَبَانٌ
عَطْشَانُ - رَيَّانُ	نَشِيطٌ - كَسْلَانُ
قَوِيٌّ - ضَعِيفٌ	خَائِفٌ - آمِنٌ
سَمِينٌ - نَحِيفٌ	فَرْحَانُ - غَضْبَانُ
سَرِيعٌ - بطيء	جَمِيلٌ - قَبِيحٌ

LEZEN   اَلْقِرَاءَةُ

Heb je honger, Mohammed?	زَيْدٌ: هَلْ أَنْتَ جَوْعَانُ يَا مُحَمَّدُ؟
Ja. Ik heb honger.	مُحَمَّدٌ: نَعَمْ. أَنَا جَوْعَانُ.
Kom mee naar de keuken.	هَيَّا بِنَا إِلَى الْمَطْبَخِ.
Kijk eens of er brood in het mandje is?	زَيْدٌ: أُنْظُرْ هَلْ هُنَاكَ خُبْزٌ فِي السَّلَّةِ؟
Ja. En er is ook een grote cake.	مُحَمَّدٌ: نَعَمْ. وَهُنَا حَلْوَى كَبِيرَةٌ أَيْضًا.
Ik heb dorst.	زَيْدٌ: أَنَا عَطْشَانُ.
Is er koud water?	هَلْ هُنَاكَ مَاءٌ بَارِدٌ؟
Ja, doe de koelkast maar open.	مُحَمَّدٌ: نَعَمْ، اِفْتَحِ الثَّلَّاجَةَ.

Hier is koud water en ook sinaasappelsap.	زَيْدٌ: هُنَا مَاءٌ بَارِدٌ وَعَصِيرُ الْبُرْتُقَالِ أَيْضًا.
Ma sha Allah.	مُحَمَّدٌ: مَا شَاءَ اللهُ.
Vul voor mij ook een glas.	اِمْلَأْ لِي كَأْسًا أَيْضًا.
Alsjeblieft. Snijd asjeblieft een stuk cake voor mij af.	زَيْدٌ: تَفَضَّلْ. مِنْ فَضْلِكَ، اِقْطَعْ لِي قِطْعَةً مِنَ الْحَلْوَى.
Ben je verzadigd, Mohammed?	زَيْدٌ: أَشَبِعْتَ يَا مُحَمَّدُ؟
Ja. Alle lof is aan Allah.	مُحَمَّدٌ: نَعَمْ. الْحَمْدُ لله.
Ik heb genoeg gegeten en genoeg gedronken.	أَنَا شَبْعَانُ وَرَيَّانُ.
En ik ook, en alle lof is aan Allah	زَيْدٌ: وَأَنَا كَذَلِكَ وَالْحَمْدُ لله.

مُؤَنَّثُ " فَعْلَانُ "

سَلْمَى بِنْتٌ فَرْحَى.	هُوَ فَرْحَانُ – هِيَ فَرْحَى
	لَيْسَ فَرْحَانَةٌ
مَرْيَمُ شَبْعَى.	هُوَ شَبْعَانُ – هِيَ شَبْعَى
هَذِهِ طَالِبَةٌ كَسْلَى.	هُوَ كَسْلَانُ – هِيَ كَسْلَى
زَيْنَبُ غَضْبَى.	هُوَ غَضْبَانُ – هِيَ غَضْبَى
أَمِينَةُ عَطْشَى.	هُوَ عَطْشَانُ – هِيَ عَطْشَى

BEGRIJPEN EN SCHRIJVEN

ٱلْفَهْمُ وَالْكِتَابَة

.1 أُجِيبُ عَنِ الْأَسْئِلَة.

1. Beantwoord de vragen.

1. مَاذَا أَكَلَ مُحَمَّدٌ وَزَيْدٌ؟

....

2. لِمَاذَا ذَهَبَ مُحَمَّدٌ وَزَيْدٌ إِلَى الْمَطْبَخِ؟

....

3. مَاذَا رَأَى زَيْدٌ فِي الثَّلاَجَةِ؟

....

.2 أَقْرَأُ وَأَكْتُبُ الْفِعْلَ وَنَوْعَهُ:   مَاضٍ – مُضَارِعٌ – أَمْرٌ

2.Lees en schrijf het werkwoord en de vorm van het werkwoord.

1. فَتَحَ سَعِيدٌ بَابَ الْحُجْرَةِ.	فَتَحَ........	مَاضٍ........
2. نَحْنُ نَحْفَظُ الْقُرْآنَ كُلَّ يَوْمٍ.	....	....
3. زَيْنَبُ تَلْعَبُ فِي الْحَدِيقَةِ.	....	....
4. اِرْكَبِ الدَّرَّاجَةَ يَا سَعِيدُ.	....	....

5. مَاذَا تَكْتُبِينَ يَا فَاطِمَةُ؟ ....

6. تُغْلِقُ مَرْيَمُ الْكِتَابَ ....

7. يَا مُحَمَّدُ، اِقْرَأْ الْقُرْآنَ. ....

8. جَلَسَتِ الْأُسْرَةُ حَوْلَ الْمَائِدَةِ. ....

---

3. أُكْمِلُ الْأَمْرَ: أَنْتُمْ – أَنْتُنَّ   3. Maak af in de gebiedende wijs: jullie.

1. يَكْتُبُ   أَنْتُمْ اُكْتُبُوا   أَنْتُنَّ اُكْتُبْنَ

2. يَشْرَبُ   أَنْتُمْ ....   أَنْتُنَّ ....

3. يَجْلِسُ   أَنْتُمْ ....   أَنْتُنَّ ....

4. يَصْعَدُ   أَنْتُمْ ....   أَنْتُنَّ ....

5. يَنْزِلُ   أَنْتُمْ ....   أَنْتُنَّ ....

6. يَرْكَبُ   أَنْتُمْ ....   أَنْتُنَّ ....

7. يَمْسَحُ   أَنْتُمْ ....   أَنْتُنَّ ....

8. يَنْجَحُ   أَنْتُمْ ....   أَنْتُنَّ ....

4. Maak zinnen met deze woorden.   ٤. أُكَوِّنُ جُمَلًا بِهَذِهِ الكَلِمَات

فَرْحَانٌ – سَعِيدَةٌ – سَرِيعٌ – طَوِيلٌ – شَبْعَى

١. ....

٢. ....

٣. ....

٤. ....

٥. ....

5. Vervoeg het gehele werkwoord.   ٥. أُصَرِّفُ الفِعْلَ كَامِلا.

أَمْرٌ	مُضَارِعٌ	مَاضٍ	فِعْلُ نَجَحَ
---	أَنْجَحُ	نَجَحْتُ	أَنَا
---	....	....	نَحْنُ
	....	....	أَنْتَ

....	....	....	أَنْتِ
....	....	....	أَنْتُمَا (مُذَكَّرٌ)
....	....	....	أَنْتُمَا (مُؤَنَّثٌ)
....	....	....	أَنْتُمْ
....	....	....	أَنْتُنَّ
---	....	....	هُوَ
---	....	....	هِيَ
---	....	....	هُمَا (مُذَكَّرٌ)
---	....	....	هُمَا (مُؤَنَّثٌ)
---	....	....	هُمْ
---	....	....	هُنَّ

LESJE 15: HERHALING   اَلدَّرْسُ الْخَامِسُ عَشَر: مُرَاجَعَة

لَيْسَ

LEZEN   اَلْقِرَاءَةُ

Heb jij honger, Omar?	هَلْ أَنْتَ جَوْعَانُ يَا عُمَرُ؟
Nee, ik heb geen honger. Ik ben verzadigd.	لَا، أَنَا لَسْتُ جَوْعَانَ. أَنَا شَبْعَانُ.
Waar is Ismail? Is hij ziek?	أَيْنَ إِسْمَاعِيلُ؟ هَلْ هُوَ مَرِيضٌ؟
Nee, hij is niet ziek. Hij is gezond.	لَا، هُوَ لَيْسَ مَرِيضًا. هُوَ سَلِيمٌ.
Is dit een oude auto?	هَلْ هَذِهِ سَيَّارَةٌ قَدِيمَةٌ؟
Nee, het is niet oud. Het is nieuw.	لَا، هِيَ لَيْسَتْ قَدِيمَةً. هِيَ جَدِيدَةٌ.
Is deze woning ruim?	هَلْ هَذَا الْمَنْزِلُ وَاسِعٌ؟
Nee, het is niet ruim. Het is krap.	لَا، هُوَ لَيْسَ وَاسِعًا. هُوَ ضَيِّقٌ.

مُذَكَّرٌ:

Ik ben niet lui. Ik ben actief.	أَنَا لَسْتُ كَسْلَانَ. أَنَا نَشِيطٌ.
Jij bent niet verdrietig. Je bent gelukkig.	أَنْتَ لَسْتَ حَزِينًا. أَنْت سَعِيدٌ.
Hij is niet snel. Hij is langzaam.	هُوَ لَيْسَ سَرِيعًا. هُوَ بَطِيءٌ.

مُؤَنَّثٌ:

Ik ben niet zwak. Ik ben sterk.	أَنَا لَسْتُ ضَعِيفَةً. أَنَا قَوِيَّةٌ.
Jij bent niet klein. Jij bent groot.	أَنتِ لَسْتِ صَغِيرَةً. أَنْتِ كَبِيرَةٌ.
Zij is niet dik. Zij is dun.	هِيَ لَيْسَتْ سَمِينَةً. هِيَ نَحِيفَةٌ.

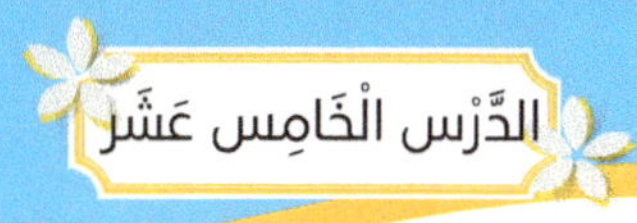

BEGRIJPEN EN SCHRIJVEN — ٱلْفَهْمُ والْكِتَابَة

1. Vervoeg de hele zin. — .1 أُغَيِّرُ الجُمْلَةَ كَامِلَةً.

هُوَ مَسَحَ رَأْسَ الْيَتِيمِ وَأَحْسَنَ إِلَيْهِ

1. أَنَا ....

2. نَحْنُ ....

3. أَنْتَ ....

4. أَنْتِ ....

5. أَنْتُمَا ....

6. أَنْتُمْ ....

7. أَنْتُنَّ ....

8. هِيَ ....

9. هُمَا (مُذَكَّرُ) ....

10. هُمَا (مُؤَنَّثُ) ....

11. هُمْ ....

12. هُنَّ ....

2. Maak af met het tegenovergestelde woord.   ٢. أُكْمِلُ بِالضِّدِّ الْمُنَاسِبِ

١. أَنَا مُجْتَهِدٌ. أَنَا لَسْتُ كَسُولًا

٢. أَنْتَ مَرِيضٌ. أَنْتَ لَسْتَ ....

٣. هُوَ سَعِيدٌ. هُوَ لَيْسَ ....

٤. أَنَا نَشِيطَةٌ. أَنَا لَسْتُ ....

٥. أَنْتِ ذَكِيَّةٌ. أَنْتِ لَسْتِ ....

٦. هِيَ كَرِيمَةٌ. هِيَ لَيْسَتْ ....

3. Maak een antwoord zoals in het voorbeeld   ٣. أَضَعُ جَوَابًا كَمَا فِي الْمِثَالِ.

١. أَشَبِعْتَ يَا مُحَمَّدُ؟   نَعَمْ، شَبِعْتُ.

٢. أَحَفِظْتَ الدَّرْسَ يَا عَلِيُّ؟   نَعَمْ، ....

٣. أَقَطَعْتِ الْحَلْوَى يَا مَرْيَمُ؟   نَعَمْ، ....

٤. أَذَهَبْتَ إِلَى الْمَسْجِدِ يَا عَامِرُ؟   نَعَمْ، ....

٥. أَشَرِبْتِ الشَّايَ يَا هِنْدُ؟   نَعَمْ، ....

تُفَّاحَة
حَاسُوب
VAN ALIF TOT ARABISCH
مِنَ الْأَلِفِ إِلَى الْعَرَبِيَّة
مُعْجَمُ الْكَلِمَاتِ
WOORDENBOEKJE
NIVEAU 2 - 4
وَرْدَة
طَائِرَة
كِتَاب
أَنَا أَكْتُبُ
Ik schrijf

ENKELE TIPS VOOR HET GEBRUIK VAN DIT WOORDENBOEKJE:

➤ Achterin het woordenboekje vind je een aantal rijtjes met speciale woordjes: kleuren, dagen, richtingen, persoonlijke voornaamwoorden, en vraagwoorden.

➤ De werkwoorden staan in het woordenboekje volgens de hij-vorm in de tegenwoordige tijd. Voorbeeld: يَدْرُسُ
Dit is de vorm die we leren in niveau 2.

Alle werkwoorden vind je dus onder de letter ي .

➤ Lees de paginas van rechts naar links!

➤ De woordjes vind je zonder alif laam.
Zoek i.p.v. naar المكتب naar مكتب .

أ

Vader	أَبٌ
Basisschool	الِابْتِدَائِيَّةُ
Naald	إِبْرَةٌ
Kan, theepot	إِبْرِيقٌ
Zoon	اِبْنٌ
Dochter	اِبْنَةٌ
Wit	أَبْيَضُ
Maandag	الِاثْنَيْنِ
Peren	إِجَّاصٌ
Peer	إِجَّاصَةٌ
Zondag	الْأَحَدُ
Rood	أَحْمَرُ
Broer	أَخٌ
Zus	أُخْتٌ
Groen	أَخْضَرُ
broers	إِخْوَةٌ
Middelen	أَدَوَاتٌ
Gebedsoproep	أَذَانٌ

Woensdag	الْأَرْبِعَاءُ
Rijst	أَرُزٌّ
Bank (meubel)	أَرِيكَةٌ
Blauw	أَزْرَقُ
De pauze	الِاسْتِرَاحَةُ
Gezin	أُسْرَةٌ
De Islamitische	الْإِسْلَامِيُّ
Naam	اِسْمٌ
Zwart	أَسْوَدُ
Stoplicht	إِشَارَةُ مُرُورٍ
De vrienden	الْأَصْدِقَاءُ
Kleinste	الْأَصْغَرِ
Geel	أَصْفَرُ
Geluiden	أَصْوَاتٌ
Leden	أَفْرَادٌ
Ontbijt	إِفْطَارٌ
Aankondiging tot het gebed	إِقَامَةٌ
Kleurpotloden	أَقْلَامٌ مُلَوَّنَةٌ

أ

Grootste	أَكْبَر
Degene die	اَلَّتِي
Duitsland	أَلْمَانْيَا
Naar	إِلَى
Moeder	أُمٌّ
Voor	أَمَامَ
Imam	إِمَامٌ
Gisteren	أَمْسِ
Veilig	آمِنٌ
Nu	الآنَ
Ik	أَنَا
Jij (m.)	أَنْتَ
Jij (v.)	أَنْتِ
Jullie (m.mv.)	أَنْتُمْ
Jullie (twee)	أَنْتُمَا
Jullie (v.mv.)	أَنْتُنَّ
Welkom	أَهْلًا وَسَهْلًا
Welke	أَيُّ

Welke	أَيُّ
Waar	أَيْنَ

ب

Deur	بَابٌ
Koud	بَارِدٌ
Pakistan	باكِسْتانُ
Met het goede (antwoord op 'hoe gaat het?')	بِخَيْرٍ
Gierig	بَخِيلٌ
Sinaasappels	بُرْتُقَالٌ
Sinaasappel	بُرْتُقَالَةٌ
Oranje	بُرْتُقَالِيٌّ
De kou	الْبَرْدُ
Tapijt	بِسَاطٌ
Uien	بَصَلٌ
Ui	بَصَلَةٌ
Aardappelen	بَطَاطِسُ

ب

Traag	بَطِيءٌ
Na	بَعْدَ
Ver	بَعِيدٌ
België	بَلْجِيكَا
Paars	بَنَفْسَجِيٌّ
Bruin	بُنِّيٌّ
Huis	بَيْتٌ
Wit (v.)	بَيْضَاءُ
Traag	بَطِيءٌ
Na	بَعْدَ
Ver	بَعِيدٌ
België	بَلْجِيكَا
Paars	بَنَفْسَجِيٌّ
Bruin	بُنِّيٌّ
Huis	بَيْتٌ
Wit (v.)	بَيْضَاءُ

ت

Datum	تَارِيخٌ
Onder	تَحْتَ
Appels	تُفَّاحٌ
Appel	تُفَّاحَةٌ
Interpretatie v.d. Qoraan	التَّفْسِيرُ
Dat (v.)	تِلْكَ
Leerling	تِلْمِيذٌ
Dadels	تَمْرٌ
Dadel	تَمْرَةٌ
Aardbeien	تُوتٌ
Aardbei	تُوتَةٌ
Succes	التَّوْفِيقُ
Tunesië	تونُسُ
(Degene) die (vr.)	الَّتِي

ث

Seconde	ثَانِيَةٌ
Dinsdag	الثُّلَاثَاءُ
Koelkast	ثَلَّاجَةٌ
Een derde	ثُلُثٌ

ج

Laf	جَبَانٌ
Nieuw	جَدِيدٌ
Slager	جَزَّارٌ
Algerije	الْجَزَائِرُ
Wortels	جَزَرٌ
Vrijdag	الْجُمُعَةُ
Mooi	جَمِيلٌ
Naast	جَنْبَ
Het weer, de lucht	الْجَوُّ
paspoort	جَوَازَ السَّفَرِ
Telefoon	جَوَّالٌ
Sok	جَوْرَبٌ
Hongerig	جَوْعان

ح

Computer, laptop	حَاسُوبٌ
Bus	حَافِلَةٌ
Jou staat – hoe is het met je?	حَالُكَ – كَيْفَ حَالُكَ؟
Aangebroken	حَانَ
Muur	حَائِطٌ
Hoofddoek	حِجَابٌ
Hadith, overleveringen	الْحَدِيثُ
Tuin	حَدِيقَةٌ
Schoen	حِذَاءٌ
Verdrietig	حَزِينٌ
Rekenen, wiskunde	الْحِسَابُ
Tas	حَقِيبَةٌ
Gebak, snoep	حَلْوَى
Melk	حَلِيبٌ
Badkamer	حَمَّامٌ
Rood (v.)	حَمْرَاءُ

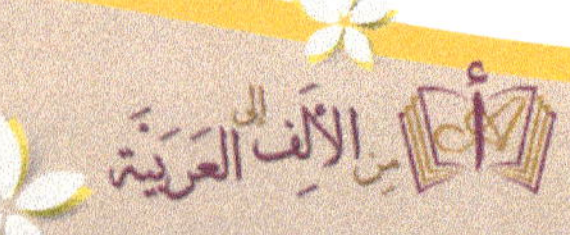

د

Kip	دَجَاجٌ
Binnengaan	دُخُولٌ
Fiets	دَرَّاجَةٌ
School- , leer-	الدِّرَاسِيَّةُ
Lessen	دُرُوسٌ
Schrift	دَفْتَرٌ
Minuut	دَقِيقَةٌ

ذ

Slim	ذَكِيٌّ
Dat (m.)	ذَلِكَ

ر

Fantastisch	رَائِعٌ
Een kwart	رُبُعٌ
Brief	رِسَالَةٌ
Granaatappels	رُمَّانٌ
Granaatappel	رُمَّانَةٌ

ح

Om, Omheen	حَوْلَ

خ

Angstig, bang	خَائِفٌ
Brood	خُبْزٌ
De herfst	الْخَرِيفُ
Kast	خِزَانَةٌ
Groenteboer	خَضَّارٌ
Groen (v.)	خَضْرَاءُ
Groente	خَضْرَوَاتٌ
Achter	خَلْفَ
Donderdag	الْخَمِيسُ
Perzik	خَوْخٌ
Draad	خَيْطٌ

الْكُرَةُ فِي الْحَدِيقَةِ

ر

Riyal (munteenheid)	رِيَالٌ
Verzadigd (drinken)	رَيَّانُ

ز

Blauw (v.)	زَرْقَاءُ
Bloem	زَهْرَةٌ
Vaas	زَهْرِيَّةٌ
Echtgenoot	زَوْجٌ
Echtgenote	زَوْجَةٌ

س

Uur, klok, horloge	سَاعَةٌ
Zaterdag	السَّبْتُ
Schoolbord	سَبُّورَةٌ
Gordijn	سِتَارَةٌ
Broek	سِرْوَالٌ
Bed	سَرِيرٌ
Snel	سَرِيعٌ

س

Gelukkig	سَعِيدٌ
Reis	سَفَرٌ
Mes	سِكِّينٌ
Mand	سَلَّةٌ
Trap, ladder	سُلَّمٌ
Dik	سَمِينٌ
Jaar	سَنَةٌ
Jaren	سَنَوَاتٌ

ش

Jongeling	شَابٌّ
Vrachtwagen	شَاحِنَةٌ
Straat	شَارِعٌ
jongelingen	شَبَابٌ
Verzadigd	شَبْعَانُ
De winter	الشِّتَاءُ
Dapper	شُجَاعٌ
Boom	شَجَرَةٌ

ش

Hard, hevig	شَدِيدٌ
Politieagent	شُرْطِيٌّ
Bedankt	شُكْرًا
Maand	شَهْرٌ
Vork	شَوْكَةٌ

ص

Zitkamer	صَالَةٌ
Ochtend	صَبَاحُ
Goed, correct	صَحِيحٌ
Vriend	صَدِيقٌ
Klein	صَغِيرٌ
Geel (v.)	صَفْرَاءُ
Gebeden	صَلَوَاتٌ
Doos, kist	صُنْدُوقٌ
Somalië	الصُّومَالُ

ض

Zwak	ضَعِيفٌ
Licht	ضَوْءٌ
Krap, Nauw, Smal	ضَيِّقٌ

ط

Student	طَالِبٌ
Studente	طَالِبَةٌ
Vliegtuig	طَائِرَةٌ
Bord, schaal	طَبَقٌ
Dokter, Arts (m.)	طَبِيبٌ
Dokter, Arts (v.)	طَبِيبَةٌ
Natuur	الطَّبِيعَةُ
Weg	طَرِيقٌ
Kind	طِفْلٌ
Zoeken, vraag	طَلَبٌ
Tomaten	طَمَاطِمُ
Lang	طَوِيلٌ
Vogels	طُيُورٌ

ظ

Middag	ظُهْر

ع

Aantal	عَدَدٌ
Avondeten	عَشَاءٌ
Sap, Jus	عَصِيرٌ
Dorstig	عَطْشَانُ
Kennis	الْعِلْم
Natuurkunde	الْعُلُومُ
Op	عَلَى
Leeftijd	عُمْرٌ
Druiven	عِنَبٌ
Druif	عِنَبَةٌ
Bij	عِنْدَ

غ

Dom	غَبِيٌّ
Morgen	غَدًا
Kamer	غُرْفَةٌ
Eetkamer	غُرْفَةُ الطَّعَامِ
Slaapkamer	غُرْفَةُ النَّوْمِ
Boos	غَضْبَانُ
Deken	غِطَاءٌ

ف

Fruit	فَاكِهَةٌ
Meisje, jongedame	فَتَاةٌ
Blij, vrolijk	فَرْحَانُ
Frankrijk	فَرَنْسَا
Verplichting	فَرِيضَةٌ
Jurk	فُسْتَانٌ
Klaslokaal, seizoen	فَصْلٌ
Boven, Op	فَوْقَ
In	فِي

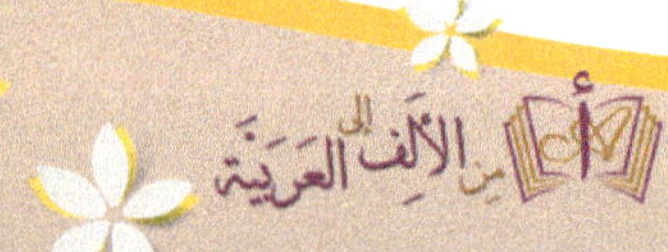

ك

Glas	كَأْسٌ
Groot	كَبِيرٌ
Boek	كِتَابٌ
Schrijven	الْكِتَابَةُ
Veel	كَثِيرٌ
Ook	كَذَلِكَ
Bal, Voetbal	كُرَةٌ
Stoel	كُرْسِيٌّ
Vrijgevig, edel	كَرِيمٌ
Lui	كَسْلَانُ
Lui	كَسُولٌ
Hoeveel	كَمْ
Hoe	كَيْفَ

ل

Nee	لَا
Vlees	لَحْمٌ
Lekker	لَذِيذٌ
Lief, vriendelijk	لَطِيفٌ

ق

Lelijk	قَبِيحٌ
Oud	قَدِيمٌ
Lezen	الْقِرَاءَةُ
Dichtbij	قَرِيبٌ
Dorp	قَرْيَةٌ
Kort	قَصِيرٌ
Doorbrengen	قَضَاءُ
Poes	قِطَّةٌ
Pen, Potlood	قَلَمٌ
Weinig	قَلِيلٌ
Qamis, Bloes	قَمِيصٌ
Koffie	قَهْوَةٌ
Sterk	قَوِيٌّ

ل

De Arabische taal	اللُّغَةُ العَرَبِيَّةُ
Kleur	لَوْنٌ
Libië	لِيبِيَا
Niet	لَيْس
Nacht	لَيْلٌ

م

Wat (vraagwoord)	مَا
Water	مَاءٌ
Wat (vraagwoord)	مَاذَا
Lopend	مَاشِيًا
Bekwaam, Deskundig	مَاهِر
Eettafel	مَائِدَةٌ
Puntenslijper	مِبْرَاةٌ
Ervaren, Bedreven	مُتْقِنٌ
Wanneer	مَتَى
Ijverig	مُجْتَهِدٌ
Busstation	مَحَطَّةٌ

م

School	مَدْرَسَةٌ
Spiegel	مِرْآةٌ
Een keer	مَرَّةً
Toilet	مِرْحَاضٌ
Verkeer	مُرُورٌ
Ziek	مَرِيضٌ
Avond	المَسَاءُ
Wisser	مَسَّاحَةٌ
Niveau	مُسْتَوَى
Moskee	مَسْجِدٌ
Lamp	مِصْبَاحٌ
Qor'aan (boek)	مُصْحَفٌ
Egypte	مِصْرُ
Vliegveld	مَطَارٌ
Keuken	مَطْبَخٌ
Met	مَعَ
Gemiddeld, mild	مُعْتَدِلٌ
Marokko	المَغْرِبُ
Nuttig	مُفِيدٌ

م

Schaar	مِقَصٌّ
Etui	مِقْلَمَةٌ
Bureau	مَكْتَبٌ
Boekenkast	مَكْتَبَةٌ
Lepel	مِلْعَقَةٌ
Gum	مِمْحَاةٌ
Woning, huis	مَنْزِلٌ
Architect	مُهَنْدِسٌ
Vakken	مَوَادُّ
Bananen	مَوْزٌ
Banaan	مَوْزَةٌ
Onderwerp	مَوْضُوعٌ
Parkeerplaats	مَوْقِفٌ

ن

Raam	نَافِذَةٌ
Wij	نَحْنُ
Dun, mager	نَحِيفٌ
Actief	نَشِيطٌ

ن

Half	نِصْفٌ
Ja	نَعَمْ
Geld	

ه

Dit (twee)	هَاتَانِ
Dit (twee)	هَذَانِ
Vraagwoord (is..?)	هَلْ
Zij (m.mv.)	هُمْ
Zij (twee)	هُمَا
Zij (v.mv.)	هُنَّ
Hier	هُنَا
Daar	هُنَاكَ
Indië	الْهِنْدُ
Hij	هُوَ
Nederland	هُولَنْدَا
Zij	هِيَ

و

Wijd, Ruim	وَاسِعٌ
Vader	وَالِد
Moeder	وَالِدَةٌ
Maaltijd	وَجْبَةٌ
Roos, Bloem	وَرْدَةٌ
Roze	وَرْدِيٌّ
Rozen, Bloemen	وُرُودٌ
Kussen	وِسَادَةٌ
Aankomst	وُصُولٌ
Tijd	وَقْتٌ
Jongen	وَلَدٌ

ي

Hij pakt	يَأْخَذ
Hij eet	يَأْكُلُ
Hij zoekt, Hij zoekt op	يَبْحَثُ
Hij begint	يَبْدَأ
Hij leert	يَتَعَلَّمُ
Het bestaat (uit)	يَتَكَوَّنُ (مِنْ)

ي

Hij rent	يَجْرِي/جرى
Hij zit	يَجْلِسُ/جلس
Hij bereidt voor	يُجَهِّزُ/جهز
Hij houdt van	يُحِبُّ/أحب
Hij memoriseert	يَحْفَظُ
Hij verlaat, gaat naar buiten	يَخْرُجُ
Hij naait	يَخِيطُ (خَاطَ)
Hij gaat binnen, hij betreedt	يَدْخُلُ
Hij studeert	يَدْرُسُ
Hij gaat	يَذْهَبُ
Hij herhaalt	يُرَاجِعُ
Hij hoopt	يَرْجُو
Hij tekent	يَرْسُمُ
Hij neemt (het vervoermiddel)	يَرْكَبُ
Hij ziet	يرى
Hij wil	يُرِيدُ
Hij bezoekt	يَزُورُ
Hij helpt	يُسَاعِدُ (سَاعَدَ)

ي

Nederlands	العربية
Hij reist	يُسَافِرُ
Hij luistert	يَسْتَمِعُ
Hij woont	يَسْكُنُ
Hij hoort	يَسْمَعُ
Hij gaat, Hij loopt, Hij rijdt	يَسِيرُ
Hij drinkt	يَشْرَبُ
Hij beklimt, gaat naar boven	يَصْعَدُ
Hij bidt	يُصَلِّي
Ik vind het leuk	يُعْجِبُني
Hij werkt	يَعْمَلُ
Hij sluit	يُغْلِقُ
Hij opent	يَفْتَحُ
Hij ontmoet	يُقَابِلُ
Hij leest	يَقْرَأُ
Hij snijdt	يَقْطَعُ (قَطَعَ)
Hij stopt	يَقِفُ
Hij zegt	يَقُولُ (قَالَ)

ي

Hij schrijft	يَكْتُبُ
Hij is	يَكُونُ
Dragen (kleding)	يَلْبَسُ
Hij loopt	يَمْشِي
Yemen	الْيَمَنُ
Hij slaapt	يَنَامُ
Hij daalt, gaat naar beneden	يَنْزِلُ
Dag	يَوْمٌ

الظُّروفُ		الأَلْوَانُ	
Voorzetsels		**Kleuren**	

الظُّروفُ — Voorzetsels

Op	عَلَى / فَوْقَ
In	فِي
Onder	تَحْتَ
Naast	جَنْبَ
Boven	فَوْقَ
Voor	أَمَامَ
Achter	خَلْفَ
Rechts van	يَمِّينَ
Links van	يَسَارٌ
Bij	عِنْدَ

الأَلْوَانُ — Kleuren

مُؤَنَّثٌ		مُذَكَّرٌ
Vrouwelijk		Mannelijk
حَمْرَاءُ		أَحْمَرُ
زَرْقَاءُ		أَزْرَقُ
صَفْرَاءُ		أَصْفَرُ
بَيْضَاءُ		أَبْيَضُ
سَوْدَاءُ		أَسْوَدُ
خَضْرَاءُ		أَخْضَرُ
وَرْدِيَّةٌ		وَرْدِيٌّ
بُرْتُقَالِيَّةٌ		بُرْتُقَالِيٌّ
بُنِّيَّةٌ		بُنِّيٌّ
بَنَفْسَجِيَّةٌ		بَنَفْسَجِيٌّ

De dagen — الأيام

الإِثْنَيْنِ	الثُّلاثَاءُ	الأَرْبِعَاءُ	الْخَمِيسُ	الْجُمُعَةُ	السَّبْتُ	الأَحَدُ
Maandag	Dinsdag	Woensdag	Donderdag	Vrijdag	Zaterdag	Zondag

أَسْمَاءُ الإِشَارَة
Aanwijswoorden

Dit (enk.m.)	هَذَا
Dit (enk.v.)	هَذِهِ
Deze (twee m.)	هَاذَانِ
Deze (twee v.)	هَاتَانِ
Deze (mv.)	هَؤُلَاءِ
Dat (m.)	ذَلِكَ
Dat (v.)	تِلْكَ
Die (mv.)	أُولَئِكَ
Hier	هُنَا
Daar	هُنَاكَ

الضَّمَائِرُ
Persoonlijke voornaamwoorden

Ik	أَنَا
Wij	نَحْنُ
Jij (m.)	أَنْتَ
Jij (v.)	أَنْتِ
Jullie (twee m/v)	أَنْتُمَا
Jullie (m.mv.)	أَنْتُمْ
Jullie (v.mv.)	أَنْتُنَّ
Hij	هُوَ
Zij (enk.v.)	هِيَ
Zij (twee m/v)	هُمَا
Zij (mv.m.)	هُمْ
Zij (mv.v.)	هُنَّ

أَدَوَاتُ الْاِسْتِفْهَام
Vraagwoorden

Wat	مَا هَذَا؟ Wat is dit?	مَا
Wat	مَاذَا عَلَى الطَّاوِلَةِ؟ Wat is op de tafel?	مَاذَا
Wanneer	مَتَى تُصَلِّي الظُّهْرَ؟ Wanneer bidt je het middaggebed?	مَتَى
Vraagwoord (is...?)	هَلْ هَذَا كِتَابٌ؟ Is dit een boek?	هَلْ
Vraagwoord	أَتُحِبُّ الْمَوْزَ؟ Houd jij van banaan?	أ
Waar	أَيْنَ الْحَقِيبَةُ؟ Waar is de tas?	أَيْنَ
Hoe	كَيْفَ حَالُكَ؟ Hoe is het met je? (hoe is je staat?)	كَيْفَ
Waarom	لِمَاذَا تَدْرُسُ اللُّغَةَ الْعَرَبِيَّةَ؟ Waarom leer je de Arabische taal?	لِمَاذَا

القواعد النحوية
Grammaticaregels

	Grammatica	النَّحْو
Lesje 1	Vervoegen	الإعْرَاب
		الرَّفْعُ، النَّصْبُ، الجَرّ، الجَزْم
	Het werkwoord	الفِعْل
	Verleden tijd	المَاضِي
	Tegenwoordige tijd	المُضَارِع
Lesje 13	Gebiedende wijs	الأَمْر
Lesje 2	aanwijswoorden	اِسْم الإشَارَة
Lesje 3	Enkelvoud, tweevoud, meervoud	المُفْرَد، المثَنىَّ، الجَمْع
Lesje 4	Bepaald en onbepaald	النَّكِرَة والمعْرِفَة
Lesje 6		حُرُوفُ الجَر
Lesje 4 & 6	Bijvoeglijk naamwoord	النَّعْت
Lesje 8	Afkomst benoemen	النِّسْبة
Lesje 9	Bijvoeglijk naamwoord	المُضَاف والمُضَاف إلَيْه
Lesje 12	Betrekkelijk voornaamwoord	الاسْمُ المَوْصُول

De Nederlandse vertaling is slechts een indicatie voor de naam van een soortgelijke regel in het Nederlands.

SPEELKAARTJES

SPELREGELS VOOR 2 OF MEER SPELERS:

- Schudt de kaartjes en leg ze op een stapeltje, met de woordjes naar boven, op tafel.
- Pak om de beurt een kaartje en probeer de betekenis te herinneren.
- Goed? Leg het op een eigen stapeltje.
- Fout? Leg het op een aparte stapel, die jullie straks nog eens oefenen.
- Schudt de kaartjes die jullie fout hebt geraden nog eens, en doe ze overnieuw.
- Wie aan het eind van het spel de meeste kaartjes goed geraden heeft, is de winnaar!

Je kunt ook alleen oefenen!

EXTRA INSTRUCTIES

Je kan ook de kaartjes met plaatjes naar boven oefenen. Dit is pittiger dan met woordjes naar boven, een uitdaging dus!
- De bloemetjes wijzen naar het thema waar je het woordje leert.
Zo kan je bijvoorbeeld ook alleen de woordjes van 1 thema oefenen.

Thema 1   Thema 2   Thema 3   Thema 4   Thema 5

- De kaartjes van boek 2 hebben een groen driehoekje bovenaan.
Bij de kaartjes van niveau 3 is dit roze, bij niveau 4 paars en niveau 5 blauw.
- De zwarte plaatjes zijn voor werkwoorden of mensen.
- Bij de plaatjes met twee paarse hoekjes (thema 5) staat op de elke kant het tegenovergestelde woord. Zoals: groot – klein.

- Wil je stevigere kaartjes, kijk dan op de website:
www.vanaliftotarabisch.nl/gratis-speelkaartjes

 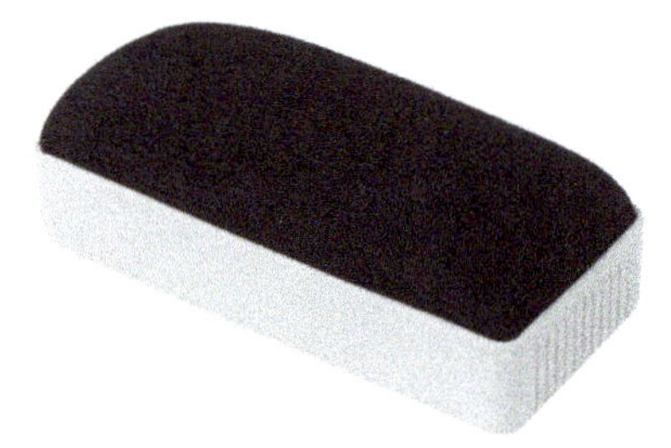 

الْخَرِيفُ 	مَسَّاحَةٌ 	الْمَدْرَسَةُ الْاِبْتِدَائِيَّةُ 
تِلْمِيذٌ 	الْقِرَاءَةُ 	الْكِتَابَةُ 
تِلْمِيذَةٌ 	الْعُلُومُ 	الْحِسَابُ 
مِمْحَاةٌ 	مِقَصٌّ 	مِقْلَمَةٌ 

يَفْتَحُ
يَخْرُجُ

يَجْرِي	يُغْلِقُ 	مِبْرَاةٌ 

يَنْزِلُ 	يَصْعَدُ 	يَدْخُلُ

جَدَّةٌ 	حَلْوَى 	يَقُولُ 

جَدٌّ 	مَنْزِلٌ 	والِدٌ 

1
2
3
1
2
3
1
2
3
???

إِبْرَةٌ 	يَخِيطُ 	والِدَةٌ 
خَضْرَوَاتٌ 	الإِفْطَارُ 	خَيْطٌ 
قَهْوَةٌ 	العَشَاءُ 	الغَدَاءُ 
يُسَلِّمُ 	مُدَرِّسٌ 	لَا أَدْرِي 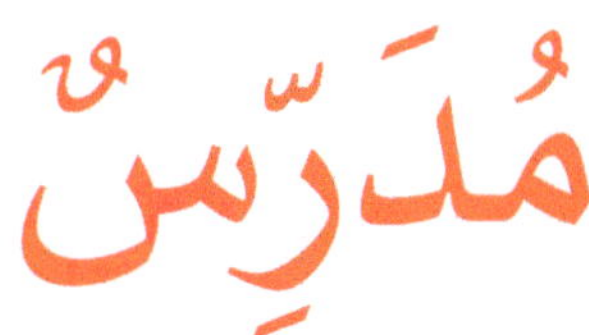

ROYAUME DU MAROC
KINGDOM OF MOROCCO
PASSEPORT
PASSPORT

عُطْلَةٌ

قِطْعَةٌ

قَرْيَةٌ

يُسَافِرُ

الْبَرْدُ

الشِّتَاءُ

الصَّيْفُ

الرَّبِيعُ

الأَرْضُ

يَلْبَسُ

جَوَازُ السَّفَرِ

المَطَارُ

بَخِيلٌ   شَقِيٌّ   كَسُولٌ

مَرِيضٌ   بَعِيدٌ   قَدِيمٌ

غَضْبَانُ   آمِنٌ   ضَيِّقٌ

قَصِيرٌ   قَلِيلٌ   كَسْلَانُ

مُجْتَهِدٌ 	سَعِيدٌ 	كَرِيمٌ 
www.vanaliftotarabisch.nl	www.vanaliftotarabisch.nl	www.vanaliftotarabisch.nl
جَدِيدٌ 	قَرِيبٌ 	سَلِيمٌ 
www.vanaliftotarabisch.nl	www.vanaliftotarabisch.nl	www.vanaliftotarabisch.nl
وَاسِعٌ 	خَائِفٌ 	فَرْحَانُ 
www.vanaliftotarabisch.nl	www.vanaliftotarabisch.nl	www.vanaliftotarabisch.nl
نَشِيطٌ 	كَثِيرٌ 	طَوِيلٌ 
www.vanaliftotarabisch.nl	www.vanaliftotarabisch.nl	www.vanaliftotarabisch.nl

جَوْعَانُ

نَحِيفُ رَيَّانُ ضَعِيفُ

جَبَانُ قَبِيحُ بَطِيءُ

Thema 2

Thema 3

Thema 1

Thema 4

شَبْعانُ

Thema 5

قَوِيٌّ

عَطْشَانُ

سَمِينٌ

سَرِيعٌ

جَمِيلٌ

شُجَاعٌ

08
SEC

MAAND
1 2 3 4 5
6 7 8 9 10 11 12
13 14 15 16 17 18 19
20 21 22 23 24
27 28 29 30 31

24

1h
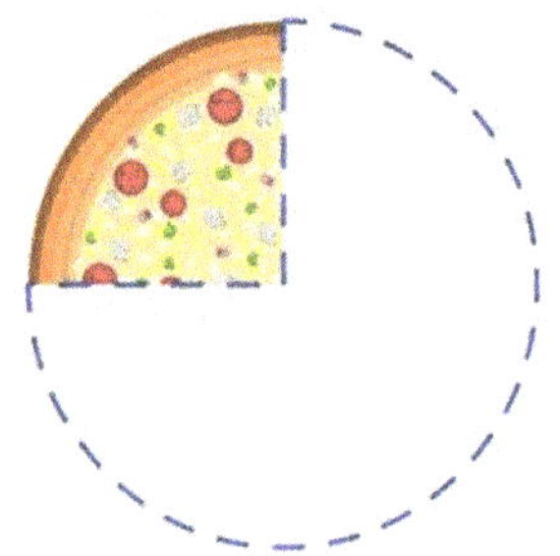
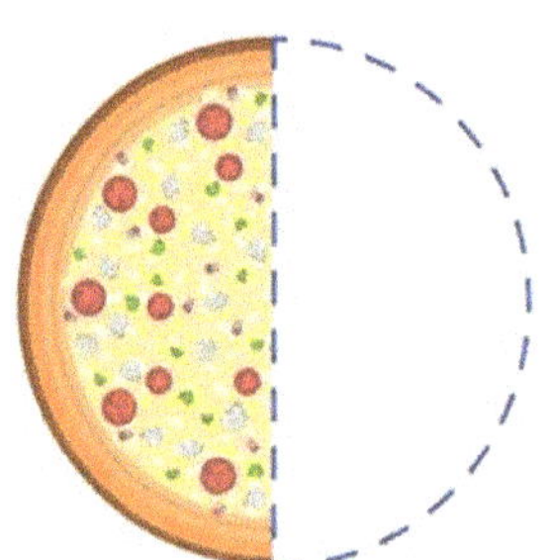

طُيُورٌ

ثَانِيَةٌ

دَقِيقَةٌ

سَاعَةٌ

يَوْمٌ

شَهْرٌ

ثُلُثٌ

نِصْفٌ

رُبْعٌ

EEN ECHTE PRO WORDEN IN ARABISCH?

Proficiat!

We zijn zo trots op je dat je de cursus hebt afgerond, Alhamdoelillaah!
Je zal zelf merken hoe veel je vooruit bent gegaan.

Nu je al zo ver bent, wil je je zeker verdiepen in foutloos Arabisch.
Niveau 5 is een omvattende cursus met grammatica, sarf (morphologie) en vooral
extra teksten, als laatste sleutel om goed Arabisch te kunnen begrijpen en spreken.

Compleet met boek, filmpjes, spelletjes, oefeningen en quizzen, en begeleiding van
de docente. Geheel in je eigen tijd en op je eigen tempo.

Bezoek de website:
www.vanaliftotarabisch.nl/niveau-5

Je kunt ook direct contact met ons opnemen:
contact@vanaliftotarabisch.nl

Of app ons via WhatsApp:
+212 6 03 70 14 58 (Jasmina)

Alle vragen, opmerkingen of feedback
zijn van harte welkom.

Moge Allah je veel succes schenken
in het leren van Arabisch!

DE REDACTIE

ONZE ONLINE CURSUSSEN + BOEKEN

ARABISCH MET PLEZIER VOOR KINDEREN – DEEL 1

Leer spelenderwijs de letters van het Arabische alfabet met fatha (a-klank). Letters herkennen, lezen & schrijven.

Voor ongeveer 3-7 jaar.

ARABISCH MET PLEZIER VOOR KINDEREN - DEEL 2

Boordevol oefeningen en spelletjes voor de overige klanken, lange klanken, woordjes lezen, etc.

Voor ongeveer 4-8 jaar.

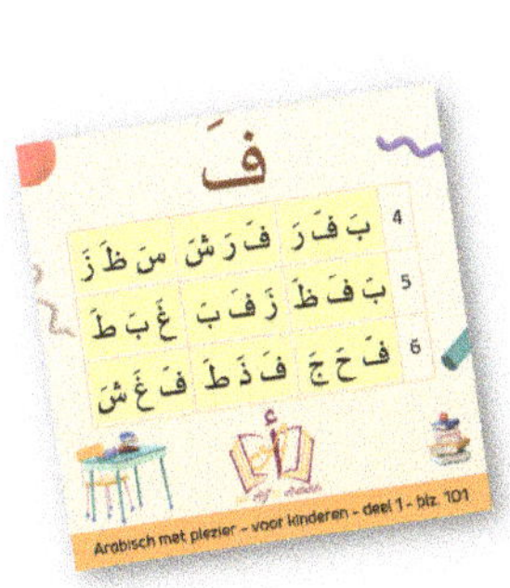

QOR´AAN MET TADJWIED CURSUS

Gratis cursus om correct de Qor'aan te leren reciteren.

1 Videolessen, oefeningen, spelletjes

2 Quizzen, Eindquiz, certificaat

3 Thuis, onderweg, mobiel, laptop...

4 Onbeperkt toegang voor heel het gezin

VAN ALIF TOT ARABISCH ONLINE CURSUSSEN + BOEKEN KINDEREN EN VOLWASSENEN

NIVEAU 1 – LEZEN & SCHRIJVEN

Dit niveau behandelt hetzelfde als 'Arabisch met plezier' deel 1 en 2, alleen in een vlugger tempo.

NIVEAU 2 – JE EERSTE WOORDJES.

Leer je eerste woordjes, zinnetjes, verhaaltjes en dialoogjes. Met leuke spelletjes en oefeningen voor kinderen van 5+ en volwassenen.

NIVEAU 3 – EEN STEVIGE BASIS.

Meer verhaaltjes, spelletjes en oefeningen, gesprekken, basis grammatica.

NIVEAU 4 – DIEPER IN DE TAAL.

Diepgaandere teksten, een duik in grammatica, gesprekken voeren en leuke oefeningen.

NIVEAU 5 – ONZE PRACHTIGE TAAL.

Een omvattende cursus voor woordenschat, grammatica en morfologie (sarf) om foutloos Arabisch te lezen, schrijven, begrijpen en spreken.

الحمد لله

LESJE 1: HET LEERJAAR — اَلدَّرْسُ الْأَوَّلُ: السَّنَةُ الدِّرَاسِيّة

فَصْلُ الْخَرِيفِ - تَبْدَأُ - السَّنَةُ الدِّرَاسِيَّةُ - الْاِبْتِدَائِيَّةُ - تِلْمِيذٌ - يَتَعَلَّمُ - الْإِسْلَامِيُّ - كَذَلِكَ - الْحِسَابُ - الْعُلُومُ - يَحْفَظُ - الْقِرَاءَةُ - الْكِتَابَةُ

LEZEN — اَلْقِرَاءَةُ

Luister en bekijk eerst de videoles, en lees dan zelf de zinnen.

In de herfst begint het leerjaar.	فِي فَصْلِ الْخَرِيفِ تَبْدَأُ السَّنَةُ الدِّرَاسِيَّةُ.
Waar studeer je, Mohammed?	- أَيْنَ تَدْرُسُ يَا مُحَمَّدُ؟
Ik leer op de basisschool.	• أَدْرُسُ فِي الْمَدْرَسَةِ الْاِبْتِدَائِيَّةِ.
Ik ben een leerling in de derde klas.	أَنَا تِلْمِيذٌ فِي الْفَصْلِ الثَّالِثِ.
Ma sha Allah.	- مَا شَاءَ اللهُ.
En wat leer je op school?	وَمَاذَا تَتَعَلَّمُ فِي الْمَدْرَسَةِ؟
Op school leer ik de Arabische taal,	• فِي الْمَدْرَسَةِ أَتَعَلَّمُ اللُّغَةَ الْعَرَبِيَّةَ،
en de islamitische religie.	وَالدِّينَ الْإِسْلَامِيَّ.
En ik leer ook rekenen en natuurkunde.	وَأَتَعَلَّمُ كَذَلِكَ الْحِسَابَ، وَالْعُلُومَ.
En memoriseer je (ook) de Edele Qoraan?	- وَهَلْ تَحْفَظُ الْقُرْآنَ الْكَرِيمَ؟

اَلْوَحْدَةُ 1 – السَّنَةُ الدِّرَاسِيَّةُ

Thema 1 — THEMA 1 – HET LEERJAAR

المَوَاضِيعُ: السَّنَةُ الدِّرَاسِيَّةُ – أَدَوَاتُ المَدْرَسَةِ – أَفْعَالٌ

Onderwerpen: het leerjaar – schoolspullen – werkwoorden

WAT GAAN WE LEREN:	مَاذَا نَدْرُس:

* 30 nieuwe woordjes

    * 30 مِنَ الكَلِمَاتِ الجَدِيدَة

* Grammatica:

    * النَّحْوُ:

- De 3 soorten woorden

    - الاِسْمُ وَالْفِعْلُ وَالْحَرْفُ

- De tekens op het eind van het woord: al-i3raab

    - حَرَكَاتُ آخِرِ الْكَلِمَةِ: الإِعْرَابُ

- De aanwijswoorden

    - أَسْمَاءُ الإِشَارَةِ

- Enkelvoud – tweevoud – de soorten meervoud

    - المُفْرَدُ – المُثَنَّى – أَنْوَاعُ الْجَمْعِ

هَيَّا نَبْدَأْ!

LESJE 1: HET LEERJAAR   اَلدَّرْسُ الْأَوَّلُ: السَّنَةُ الدِّرَاسِيّة

فَصْلُ الْخَرِيفِ - تَبْدَأُ - السَّنَةُ الدِّرَاسِيَّةُ - الِابْتِدَائِيَّةُ - تِلْمِيذٌ - يَتَعَلَّمُ الْإِسْلَامِيُّ - كَذَلِكَ - الْحِسَابُ - الْعُلُومُ - يَحْفَظُ - الْقِرَاءَةُ - الْكِتَابَةُ

LEZEN   اَلْقِرَاءَةُ

Luister en bekijk eerst de videoles, en lees dan zelf de zinnen.

In de herfst begint het leerjaar.	فِي فَصْلِ الْخَرِيفِ تَبْدَأُ السَّنَةُ الدِّرَاسِيَّةُ.
Waar studeer je, Mohammed?	- أَيْنَ تَدْرُسُ يَا مُحَمَّدُ؟
Ik leer op de basisschool.	• أَدْرُسُ فِي الْمَدْرَسَةِ الْاِبْتِدَائِيَّةِ.
Ik ben een leerling in de derde klas.	أَنَا تِلْمِيذٌ فِي الْفَصْلِ الثَّالِثِ.
Ma sha Allah.	- مَا شَاءَ اللهُ.
En wat leer je op school?	وَمَاذَا تَتَعَلَّمُ فِي الْمَدْرَسَةِ؟
Op school leer ik de Arabische taal,	• فِي الْمَدْرَسَةِ أَتَعَلَّمُ اللُّغَةَ الْعَرَبِيَّةَ،
en de islamitische religie.	وَالدِّينَ الْإِسْلَامِيَّ.
En ik leer ook rekenen en natuurkunde.	وَأَتَعَلَّمُ كَذَلِكَ الْحِسَابَ، وَالْعُلُومَ.
En memoriseer je (ook) de Edele Qoraan?	- وَهَلْ تَحْفَظُ الْقُرْآنَ الْكَرِيمَ؟

اَلْوَحْدَةُ 1 – السَّنَةُ الدِّرَاسِيَّة
Thema 1 THEMA 1 – HET LEERJAAR

المَوَاضِيعُ: السَّنَةُ الدِّرَاسِيَّةُ – أَدَوَاتُ المَدْرَسَةِ – أَفْعَالٌ

Onderwerpen: het leerjaar – schoolspullen – werkwoorden

WAT GAAN WE LEREN:

مَاذَا نَدْرُس:

* 30 nieuwe woordjes

* 30 مِنَ الكَلِمَات الجَدِيدَة

* Grammatica:

* النَّحْوُ:

- De 3 soorten woorden

- الاِسْمُ وَالْفِعْلُ وَالْحَرْفُ

- De tekens op het eind van het woord: al-i3raab

- حَرَكَاتُ آخِرِ الْكَلِمَةِ: الإِعْرَابُ

- De aanwijswoorden

- أَسْمَاءُ الإِشَارَةِ

- Enkelvoud – tweevoud – de soorten meervoud

- المُفْرَدُ – المُثَنَّى – أَنْوَاعُ الْجَمْعِ

هَيَّا نَبْدَأ!

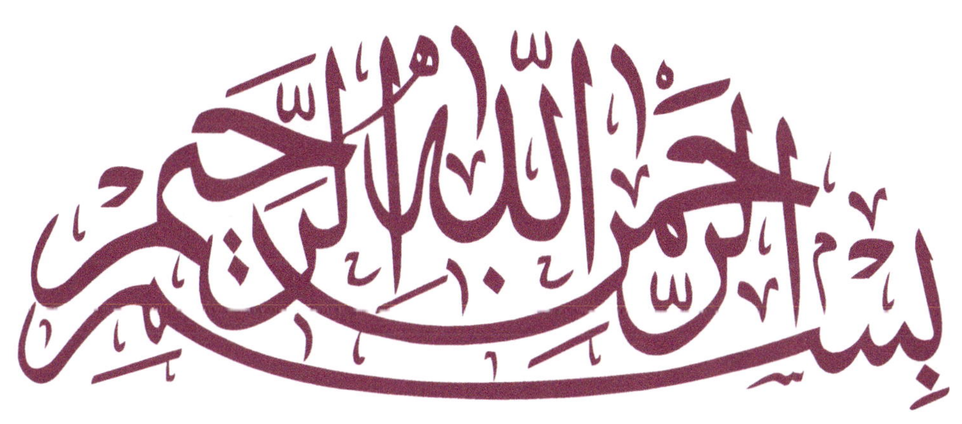

IN DE NAAM VAN ALLAH, DE MEEST BARMHARTIGE, DE MEEST GENADEVOLLE

GEBRUIKSINSTRUCTIES EN CURSUSINFO

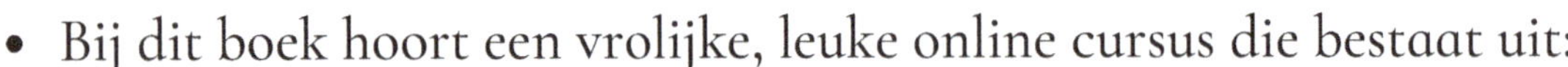

- Bij dit boek hoort een vrolijke, leuke online cursus die bestaat uit:

 Filmpjes		Eindquiz
Oefeningen		Certificaat
Spelletjes		Privé begeleiding
Quizzen		Huiswerk nakijken

Om meer over de cursus te weten kijk bij:

www.vanaliftotarabisch.nl/niveau-4

Of scan de QR-code om direct bij de cursus te komen.

- Bekijk eerst de videoles en maak de oefeningen op de site.
  Lees daarna zelf de les in het boek en maak de oefeningen.

- Ben niet te haastig: Ga pas naar het volgende lesje als je de
  gemaakte lesjes goed onder de knie hebt.

- Heb je hulp nodig of wil je jouw oefeningen laten nakijken?
  Mail naar: contact@vanaliftotarabisch.nl
  (of chat direct met de docente via de cursus!)

VOORWOORD مقدمة

Alle lof is aan Allah, De Heer der Werelden.
Moge de Vrede en Zegeningen zijn met onze Profeet Mohammed, de Arabische Profeet die gezonden is naar de gehele mensheid.

Vervolgens:
Arabisch leren is al lang eeuwenlang een prioriteit van vele moslims. Het is namelijk de taal van de Islaam, en de taal van de Qor'aan.

Geleerden, docenten en experts hebben zich van oudsher ingezet om dit doel te vergemakkelijken voor de beginnende studenten.

Wij hebben erg ons best gedaan om ons steentje bij te dragen voor het Nederlandstalige publiek.
In dit boek hebben wij onze jarenlange ervaring en observaties van allerlei verschillende lesmethodes samengevat om een beknopt, eenvoudig en leuk leerboek te ontwerpen.

Compleet met de bijbehorende videocursus en online lesomgeving, is dit boek een compleet pakket om Arabisch te leren voor iedereen.

Na de grote enthousiasme waarmee de eerste en tweede druk is ontvangen alhamdulillaah, ligt hierbij de derde druk voor je met enkele verbeteringen, aanpassingen en toevoegingen.

Wij danken Allah die dit werk voor ons mogelijk heeft gemaakt.
Ten slotte geven wij dank aan alle auteurs die ons voor zijn gegaan, waar wij van hebben geleerd en waar dit werk grotendeels op is gebaseerd.
En natuurlijk aan iedereen die heeft geholpen aan het uitbrengen van dit boek.

En Alle lof is aan Allah alleen.

De redactie

VAN ALIF
TOT ARABISCH من الألف الى العربية

INHOUDSOPGAVE فهرس

7	*Thema 1*	HET LEERJAAR	السَّنَةُ الدِّرَاسِيَّةُ
8	*Lesje 1*	Het leerjaar	السَّنَةُ الدِّرَاسِيَّةُ
14	*Lesje 2*	Schoolspullen	أَدَوَاتُ المَدْرَسَةِ
19	*Lesje 3*	Werkwoorden	أَفْعَالٌ
24	*Thema 2*	HET GEZIN	الأُسْرَةُ
25	*Lesje 4*	Om de eettafel	حَوْلَ المَائِدَةِ
31	*Lesje 6*	De leden van mijn gezin	أَفْرَادُ أُسْرَتِي
38	*Lesje 6*	De woning	المَنْزِلُ
44	*Thema 3*	STUDEREN	الدِّرَاسة
45	*Lesje 7*	Een nieuwe student	طَالِبٌ جَدِيدٌ
53	*Lesje 8*	Waar kom jij vandaan?	مِنْ أَيْنَ أَنْتَ؟
61	*Lesje 9*	In het klaslokaal	فِي فَصْلِ الدِّرَاسَةِ
69	*Thema 4*	SEIZOENEN & TIJDEN	الفُصُولُ وَالأَزْمَانُ
68	*Lesje 10*	De seizoenen	فُصُولُ السَّنَةِ
78	*Lesje 11*	Tijden en kloklezen	الأَزْمَانُ وَالسَّاعَةُ
84	*Lesje 12*	Een vakantie naar Marokko	عُطْلَةٌ إِلَى المَغْرِبِ
91	*Thema 5*	DE EIGENSCHAPPEN	الصَّفَاتُ
92	*Lesje 13*	Eigenschappen	الصِّفَاتُ
98	*Lesje 14*	Ik heb honger	أَنَا جَوْعَانُ
104	*Lesje 15*	Herhaling	مُرَاجَعَة
109		WOORDENBOEKJE	مُعْجَمُ الْكَلِمَاتِ

Titel: Van Alif tot Arabisch, Niveau 4: Dieper in de taal.

Samengesteld door: Redactie 'Van Alif tot Arabisch'

ISBN: 978-1-9168783-8-9

Eerste druk 2019 – Derde druk 2024

Noot:
Dit boek gaat samen met de online videocursus:
Van Alif tot Arabisch Niveau 4: Dieper in de taal.
Scan de QR-code voor de cursusinformatie.

Voor meer informatie, vervolgcursussen,
vragen of suggesties, bezoek de website:
www.vanaliftotarabisch.nl

Of stuur een e-mail naar:
contact@vanaliftotarabisch.nl

Of app ons via WhatsApp:
+212 6 03 70 14 58 (Jasmina)

الْمُسْتَوَى الرَّابِعُ: غَوْصَةٌ فِي اللُّغَةِ

NIVEAU 4: DIEPER IN DE TAAL

Division Facts Matching Hidden Picture Game
Practice the basic division facts (division tables 1-12) while also uncovering a hidden picture in this fun matching game! You can choose which division tables to practice.
https://www.mathmammoth.com/practice/division-matching

Make Number Sentences
You're given numbers (in flowers), and an answer to a math sentence. Drag two flowers to the empty slots so that the math sentence is true. Choose division to practice the skills covered in this book.
https://www.mathmammoth.com/practice/number-sentences

Bingo
You are given math questions. Simply click on the right answer in the grid, and it will be colored green. Once you get five in a row, a column, or diagonally, and bingo, you win! Choose division to practice the skills covered in this book.
https://www.mathmammoth.com/practice/bingo

Helpful Resources on the Internet

We have compiled a list of external Internet resources that match the topics in this book. This list of links includes web pages that offer:

- **online practice** for concepts;

- online **games**, or occasionally, printable games;

- **animations** and interactive **illustrations** of math concepts;

- **articles** that teach a math concept.

We heartily recommend you take a look at the list. Many of our customers love using these resources to supplement the bookwork. You can use the resources as you see fit for extra practice, to illustrate a concept better, and even just for some fun. Enjoy!

https://l.mathmammoth.com/blue/division1

Division as Making Groups

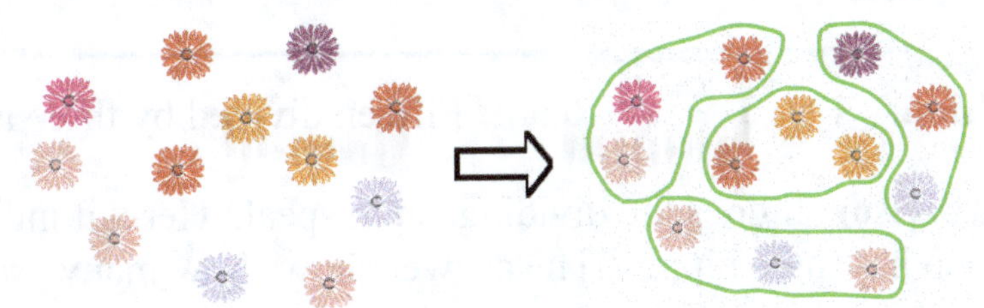

There are 12 daisies. Make groups of 3.

How many groups? *Four groups.*

How many 3's are there in 12? *Four.*

1. Divide into groups.

<table>
<tr>
<td>

a. There are __15__ carrots.
   Make groups of 5.

How many groups? ______

How many 5's are there

in __15__? ______

</td>
<td>

b. There are ______ berries.
   Make groups of 4.

How many groups? ______

How many 4's are there

in ______? ______

</td>
<td>

c. There are ______ apples.
   Make groups of 3.

How many groups? ______

How many 3's are there

in ______? ______

</td>
</tr>
<tr>
<td>

d. There are ______ fish.
   Make groups of 2.

How many groups? ______

How many 2's are there

in ______? ______

</td>
<td>

e. There are ______ daisies.
   Make groups of 6.

How many groups? ______

How many 6's are there

in ______? ______

</td>
<td>

f. There are ______ camels.
   Make groups of 4.

How many groups? ______

How many 4's are there

in ______? ______

</td>
</tr>
</table>

We **DIVIDE 15** hippos into groups of **three**.
We get **five** groups.

How many 3's in 15? Five.

We can write a **division**: $15 \div 3 = 5$ (Read: "Fifteen divided by three is five.")

The number 3 is the **divisor**. It does the dividing, so to speak. Here, it indicates the size of the groups: each group has three hippos. The answer shows how many groups we get.

$18 \div 6 = ?$

Think:
"How many
6's in 18?"

If we DIVIDE 18 into groups of six, how many groups are there?

Since $6 + 6 + 6 = 18$, or $3 \times 6 = 18$, there are THREE groups of six in 18. So, $18 \div 6 = \mathbf{3}$.

2. Make a division sentence.

a. Divide 10 hens into groups of two. How many groups?

______ ÷ ______ = ______

b. Divide ______ berries into groups of four. How many groups?

______ ÷ ______ = ______

c. Divide ______ apples into groups of six. How many groups?

______ ÷ ______ = ______

d. Divide ______ books into groups of three. How many groups?

______ ÷ ______ = ______

e. Divide ______ erasers into groups of five. How many groups?

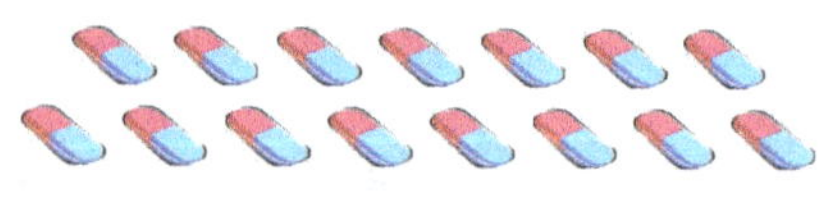

______ ÷ ______ = ______

f. Divide ______ circles into groups of three. How many groups?

______ ÷ ______ = ______

3. Draw sticks. Divide them into groups to fit the division sentence.

a. $18 \div 3 = $ _______	**b.** $24 \div 2 = $ _______
c. $21 \div 3 = $ _______	**d.** $25 \div 5 = $ _______
e. $15 \div 5 = $ _______	**f.** $24 \div 8 = $ _______

4. Make groups by circling dots and write a division sentence.

a. Make groups of 4	**b.** Make groups of 2	**c.** Make groups of 6	**d.** Make groups of 3
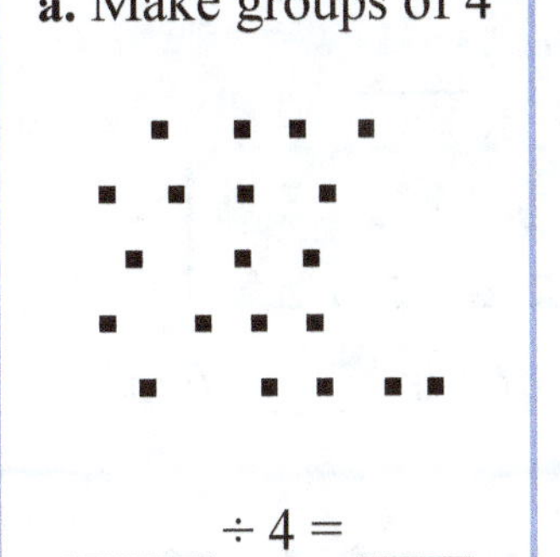 _____ $\div 4 = $ ____	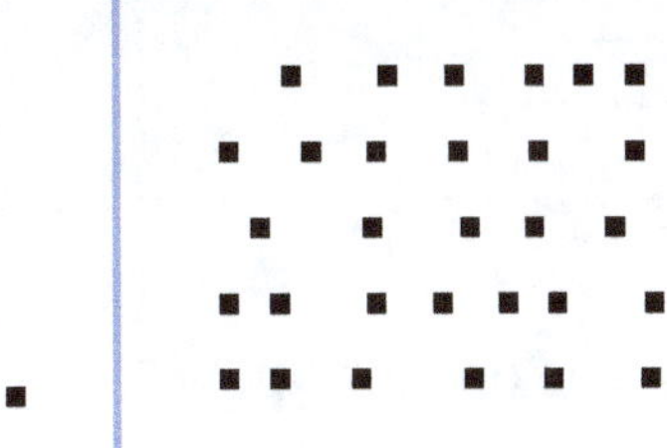 _____ $\div 2 = $ ____	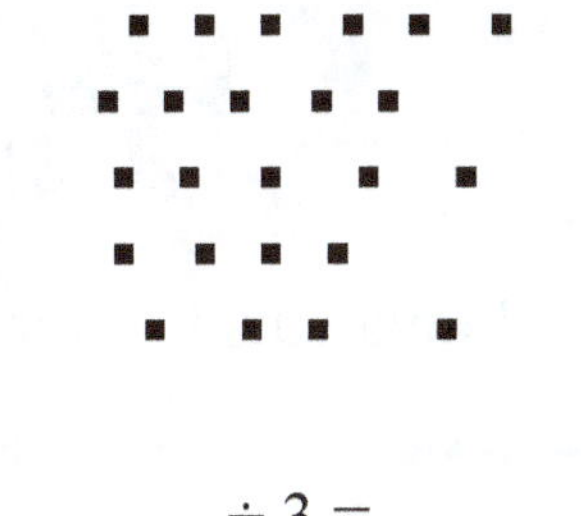 _____ $\div 6 = $ ____	_____ $\div 3 = $ ____
e. Make groups of 5	**f.** Make groups of 7	**g.** Make groups of 6	**h.** Make groups of 10
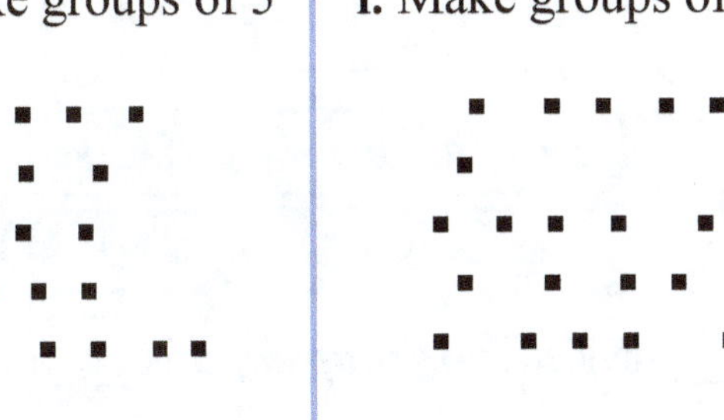 _____ $\div 5 = $ ____	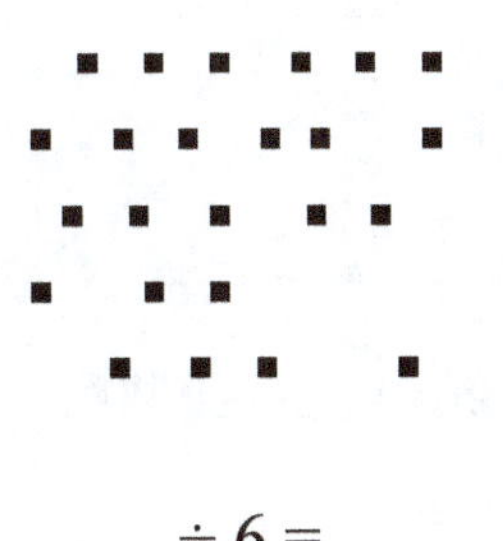 _____ $\div 7 = $ ____	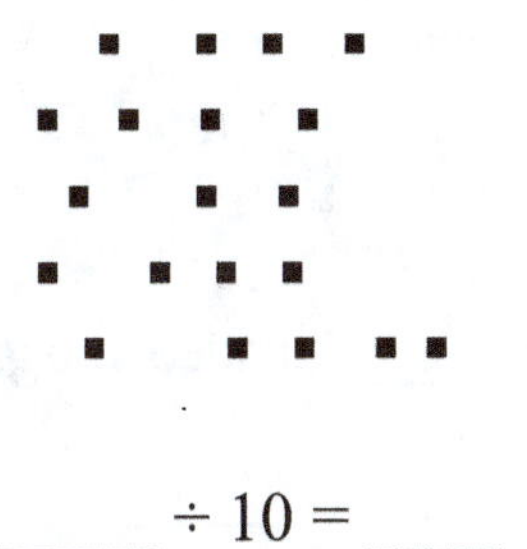 _____ $\div 6 = $ ____	_____ $\div 10 = $ ____

Division and Multiplication

<table>
<tr>
<td>We can write both a <u>**multiplication fact**</u> and a <u>**division fact**</u> from the same picture:</td>
<td>

Three *__groups of 4__* makes 12. $3 \times 4 = 12$

12 divided into *__groups of 4__* is three groups. $12 \div 4 = 3$

</td>
</tr>
</table>

Both multiplication and division have to do with **same-size groups**, but they are the opposite operations of each other. You could say division is "backwards" multiplication.

1. Fill in the blanks.

<table>
<tr>
<td>

a. Two *__groups of 6__* is 12.

$2 \times 6 = 12$

12 divided into *__groups of 6__* is two groups.

$12 \div 6 = 2$

</td>
<td>

b. Five *__groups of 2__* is _____.

____ × 2 = ____

 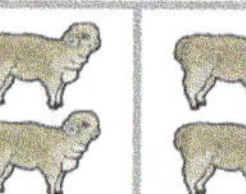  

_____ divided into *__groups of 2__* is ____ groups.

_______ ÷ 2 = ____

</td>
</tr>
<tr>
<td>

c. One *__group of 4__* is 4.

____ × 4 = ____

4 divided into a *__group of 4__* is one group.

_______ ÷ 4 = ____

</td>
<td>

d. Five *__groups of 1__* is 5.

____ × 1 = ____

5 divided into *__groups of 1__* is ____ groups.

_______ ÷ 1 = ____

</td>
</tr>
<tr>
<td>

e. ____ *__groups of__* ____ is _____.

____ × ____ = ____

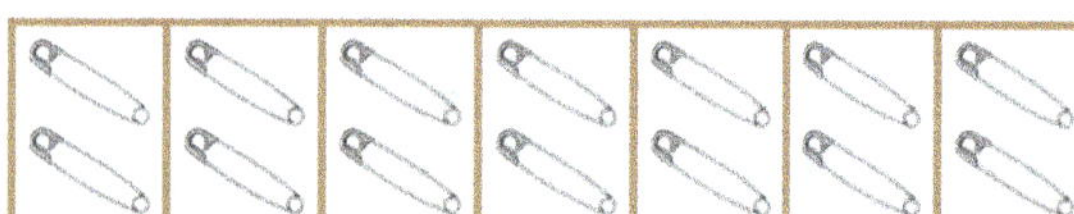

_____ divided into *__groups of 2__* is ____ groups.

_______ ÷ _____ = _______

</td>
<td>

f. ____ *__groups of 3__* is _____.

____ × ____ = ____

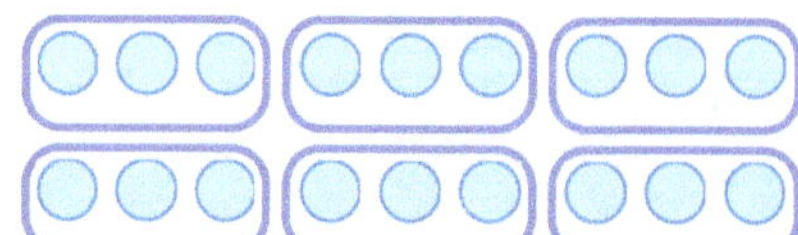

_____ divided into *__groups of 3__* is ____ groups.

_______ ÷ _____ = _______

</td>
</tr>
</table>

2. Make groups. Then write the division and multiplication facts that the pictures illustrate.

a. Make groups of four. 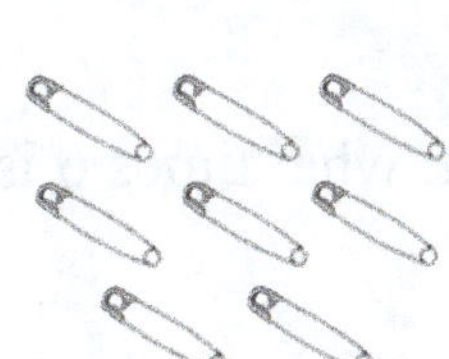

______ × 4 = 8

8 ÷ 4 = ______

b. Make groups of two. 

______ × 2 = ______

______ ÷ 2 = ______

c. Make groups of four. 

______ × 4 = ______

______ ÷ 4 = ______

d. Make groups of six. 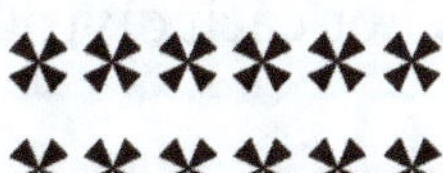

______ × 6 = ______

______ ÷ 6 = ______

e. ______ × 4 = ______ 

______ ÷ 4 = ______ 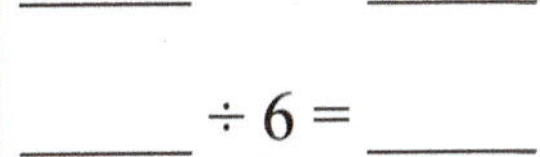 

f. ______ × 7 = ______ 

______ ÷ 7 = ______

g.

______ × 6 = ______

______ ÷ 6 = ______

h.

______ × 2 = ______

______ ÷ 2 = ______

i. 

______ × 5 = ______

______ ÷ 5 = ______

 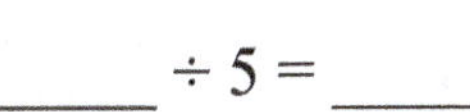

3. Now draw sticks or circles to illustrate each problem.
   Write the division and multiplication sentences.

a. Draw 15 sticks.
   Make groups of 5.

______ × 5 = ______

______ ÷ 5 = ______

b. Draw 24 sticks.
   Make groups of 8.

______ × ______ = ______

______ ÷ ______ = ______

c. Draw 30 sticks.
   Make groups of 5.

______ × ______ = ______

______ ÷ ______ = ______

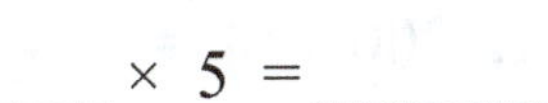

You can solve a division problem by thinking of the _matching multiplication_.

$$30 \div 6 = \underline{\quad}$$

$$\underline{\quad} \times 6 = 30$$

Think: what times 6 is 30?

Since you already know the multiplication tables, learning division is easy!

4. For each division, think of the matching multiplication, and solve.

a. $14 \div 2 = \underline{\quad}$ $\underline{\quad} \times 2 = 14$	**b.** $18 \div 2 = \underline{\quad}$ $\underline{\quad} \times 2 = \underline{\quad}$	**c.** $21 \div 7 = \underline{\quad}$ $\underline{\quad} \times 7 = \underline{\quad}$
d. $54 \div 6 = \underline{\quad}$ $\underline{\quad} \times \underline{\quad} = \underline{\quad}$	**e.** $24 \div 4 = \underline{\quad}$ $\underline{\quad} \times \underline{\quad} = \underline{\quad}$	**f.** $30 \div 3 = \underline{\quad}$ $\underline{\quad} \times \underline{\quad} = \underline{\quad}$
g. $32 \div 4 = \underline{\quad}$	**h.** $56 \div 7 = \underline{\quad}$	**i.** $55 \div 5 = \underline{\quad}$

5. Divide. Again, think of multiplication.

a.	b.	c.	d.
$24 \div 4 = \underline{\quad}$	$15 \div 5 = \underline{\quad}$	$32 \div 8 = \underline{\quad}$	$48 \div 6 = \underline{\quad}$
$16 \div 2 = \underline{\quad}$	$35 \div 5 = \underline{\quad}$	$40 \div 8 = \underline{\quad}$	$56 \div 8 = \underline{\quad}$
$20 \div 2 = \underline{\quad}$	$49 \div 7 = \underline{\quad}$	$50 \div 5 = \underline{\quad}$	$81 \div 9 = \underline{\quad}$
$36 \div 9 = \underline{\quad}$	$54 \div 9 = \underline{\quad}$	$42 \div 6 = \underline{\quad}$	$100 \div 10 = \underline{\quad}$

Puzzle Corner Think of multiplication, and solve.

a. $1{,}000 \div 100 = \underline{\quad}$

b. $400 \div 50 = \underline{\quad}$

c. $200 \div 4 = \underline{\quad}$

d. $1{,}000 \div 500 = \underline{\quad}$

e. $800 \div 800 = \underline{\quad}$

f. $200 \div 40 = \underline{\quad}$

Multiplication and Division Fact Families

Below, 12 bananas are arranged in an array. We can actually
get **two** multiplication facts AND **two** division facts from the picture.

Bananas divided into rows:

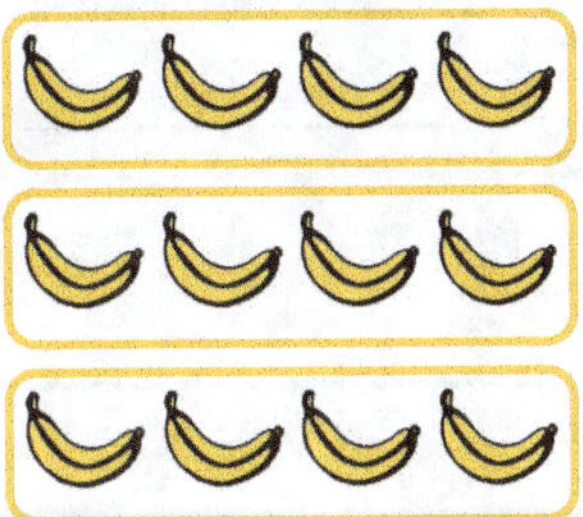

The same bananas divided into columns:

12 bananas in
groups of four
is three groups.

$12 \div 4 = 3$

$3 \times 4 = 12$

12 bananas in
groups of three
is four groups.

$12 \div 3 = 4$

$4 \times 3 = 12$

Just like with addition and subtraction, we can form **fact families** that have two
multiplication facts and two division facts.

1. Make two division sentences and two multiplication sentences to match each array.
   Think of dividing the objects either into rows or into columns.

a.

$4 \times 6 = \underline{\hspace{1cm}}$

$6 \times 4 = \underline{\hspace{1cm}}$

$\underline{\hspace{1cm}} \div 4 = \underline{\hspace{1cm}}$

$\underline{\hspace{1cm}} \div 6 = \underline{\hspace{1cm}}$

b.

$\underline{\hspace{1cm}} \times \underline{\hspace{1cm}} = \underline{\hspace{1cm}}$

$\underline{\hspace{1cm}} \times \underline{\hspace{1cm}} = \underline{\hspace{1cm}}$

$\underline{\hspace{1cm}} \div \underline{\hspace{1cm}} = \underline{\hspace{1cm}}$

$\underline{\hspace{1cm}} \div \underline{\hspace{1cm}} = \underline{\hspace{1cm}}$

c.

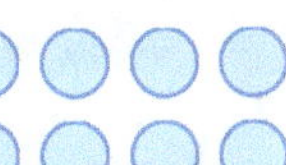

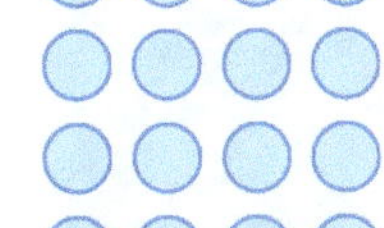

$\underline{\hspace{1cm}} \times \underline{\hspace{1cm}} = \underline{\hspace{1cm}}$

$\underline{\hspace{1cm}} \times \underline{\hspace{1cm}} = \underline{\hspace{1cm}}$

$\underline{\hspace{1cm}} \div \underline{\hspace{1cm}} = \underline{\hspace{1cm}}$

$\underline{\hspace{1cm}} \div \underline{\hspace{1cm}} = \underline{\hspace{1cm}}$

d.

$\underline{\hspace{1cm}} \times \underline{\hspace{1cm}} = \underline{\hspace{1cm}}$

$\underline{\hspace{1cm}} \times \underline{\hspace{1cm}} = \underline{\hspace{1cm}}$

$\underline{\hspace{1cm}} \div \underline{\hspace{1cm}} = \underline{\hspace{1cm}}$

$\underline{\hspace{1cm}} \div \underline{\hspace{1cm}} = \underline{\hspace{1cm}}$

2. Write a fact family to match the array.

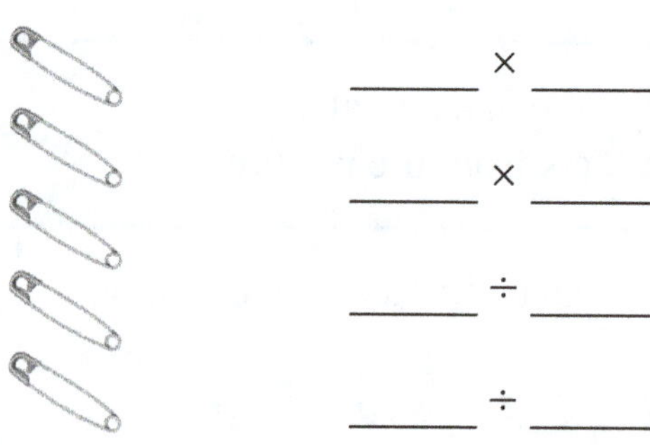

_____ × _____ = _____

_____ × _____ = _____

_____ ÷ _____ = _____

_____ ÷ _____ = _____

3. Write a fact family, and draw an array to illustrate it.

_____ × _____ = _____

_____ × _____ = _____

18 ÷ _____ = 3

_____ ÷ _____ = _____

4. Fill in the missing numbers to complete each fact family.

a.

7 × _____ = 35

_____ × _____ = _____

_____ ÷ _____ = _____

_____ ÷ _____ = _____

b.

_____ × _____ = _____

_____ × _____ = _____

_____ ÷ 8 = 9

_____ ÷ _____ = _____

c.

12 × 4 = _____

_____ × _____ = _____

_____ ÷ _____ = _____

_____ ÷ _____ = _____

5. Joanna arranged 28 toy blocks in an array, in four columns.
   How many rows does her array have?

6. Alice drew a picture of trees in an orchard. She had three rows of trees, with
   five trees in each row. She also drew three mangos in each tree.

   Explain what information you can find out about this situation. Calculate
   to find it.

7. A meeting hall had 45 chairs arranged in five rows.
   What information can you find out about this situation? Calculate
   to find it.

8. Find the missing numbers.

a. 18 = 2 × _____	**b.** _____ ÷ 2 = 7	**c.** 15 ÷ _____ = 3
d. _____ = 24 ÷ 3	**e.** _____ × 8 = 56	**f.** _____ ÷ 7 = 5

9. Practice divisions.

a.	**b.**	**c.**	**d.**
18 ÷ 2 = _____	15 ÷ 3 = _____	40 ÷ 4 = _____	45 ÷ 5 = _____
16 ÷ 2 = _____	18 ÷ 3 = _____	16 ÷ 4 = _____	55 ÷ 5 = _____
24 ÷ 2 = _____	21 ÷ 3 = _____	36 ÷ 4 = _____	60 ÷ 5 = _____

10. Fill in the division tables!

a. Division table of six	**b.** Division table of seven	**c.** Division table of eight
6 ÷ 6 = _____	7 ÷ 7 = _____	8 ÷ 8 = _____
12 ÷ 6 = _____	14 ÷ 7 = _____	16 ÷ 8 = _____
_____ ÷ 6 = _____	_____ ÷ 7 = _____	_____ ÷ 8 = _____
_____ ÷ 6 = _____	_____ ÷ 7 = _____	_____ ÷ 8 = _____
_____ ÷ 6 = _____	_____ ÷ 7 = _____	_____ ÷ 8 = _____
_____ ÷ 6 = _____	_____ ÷ 7 = _____	_____ ÷ 8 = _____
_____ ÷ 6 = _____	_____ ÷ 7 = _____	_____ ÷ 8 = _____
_____ ÷ 6 = _____	_____ ÷ 7 = _____	_____ ÷ 8 = _____
_____ ÷ 6 = _____	_____ ÷ 7 = _____	_____ ÷ 8 = _____
_____ ÷ 6 = _____	_____ ÷ 7 = _____	_____ ÷ 8 = _____
_____ ÷ 6 = _____	_____ ÷ 7 = _____	_____ ÷ 8 = _____

Dividing Evenly into Groups

Equal sharing is another way to think about division.

If we divide 12 bananas evenly between Joe and Sally, how many does each one get?

Both Joe and Sally each get 6 bananas.

We can write the division $12 \div 2 = 6$.

This time, the divisor (2) shows the number of groups, and the answer shows the size of the group.

1. Two children are sharing. Divide the things into __two__ equal groups. Write a division.

a. 

______ ÷ ___2___ = ______

Each child gets ______.

b.

______ ÷ ___2___ = ______

Each child gets ______.

c.

______ ÷ ______ = ______

Each child gets ______.

2. Three children are sharing. Divide the things into __three__ equal groups. Write a division.

a. 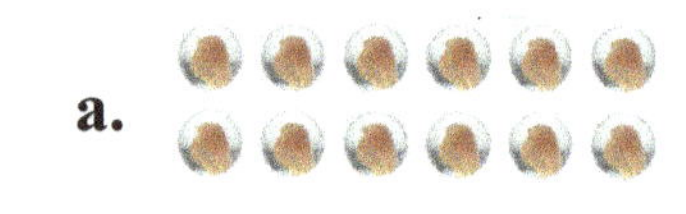

______ ÷ ___3___ = ______

Each child gets ______.

b.

______ ÷ ___3___ = ______

Each child gets ______.

c. 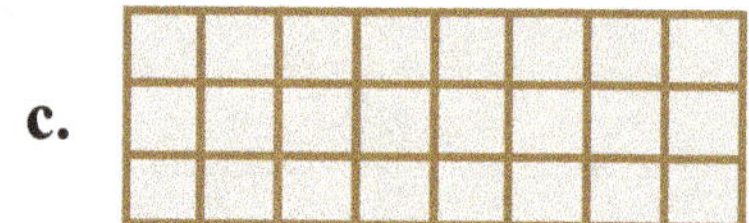

______ ÷ ______ = ______

Each child gets ______.

3. Divide the things into __four__ equal groups. Write a division.

a. 

______ ÷ ___4___ = ______

b.

______ ÷ ___4___ = ______

c. 

______ ÷ ______ = ______

There are **two** different ways to think about division.

1) We have 18 carrots, and we will make **_groups of 3_**. How many groups do we get? 

Six groups. So, $18 \div 3 = 6$.

2) We divide the 18 carrots evenly **_into three groups_**, like sharing them among three people. How many are there in each group? 

Six. So, $18 \div 3 = 6$.

The multiplication **$6 \times 3 = 18$** matches either of the two divisions above.

If the number 6 is the number of the groups, then 3 is the size of each group.
If the number 3 is the number of the groups, then 6 is the size of each group.

These are the TWO ways to think about division:

1) You make groups of a certain size. How many groups do you get?

(The divisor is the size of each group, and the answer is the number of groups.)

2) You divide things equally into groups. How many are there in each group?

(The divisor is the number of groups, and the answer is the size of each group.)

4. Divide things evenly into groups.

a. Divide into two groups. $8 \div 2 =$ _____ 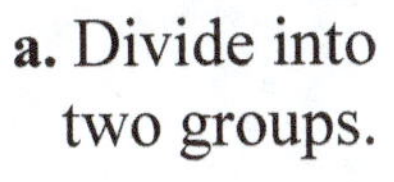		**b.** Divide into five groups. _____ $\div$ _____ = _____	
c. Make 3 groups $21 \div 3 =$ _____	**d.** Make 1 group 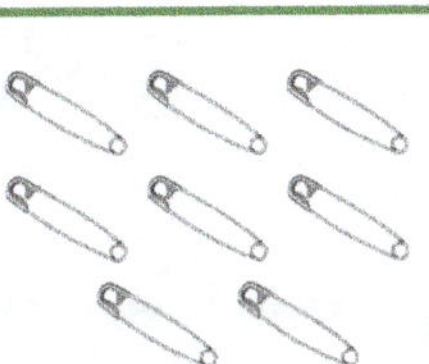 _____ $\div 1 =$ _____	**e.** Make 10 groups _____ $\div 10 =$ _____	**f.** Make 2 groups  _____ $\div 2 =$ _____

5. Divide. Think about the matching multiplication problem.

a. $40 \div 8 =$ ______	**b.** $48 \div 12 =$ ______	**c.** $36 \div 9 =$ ______
$6 \div 3 =$ ______	$60 \div 6 =$ ______	$36 \div 6 =$ ______
$16 \div 2 =$ ______	$25 \div 5 =$ ______	$56 \div 7 =$ ______

6. Play the game Go Fish! Division or Parrot Divisions (see the chapter introduction).

7. Solve. Write an equation for each problem. The box ☐ is for the × or ÷ symbol.

a. Amanda, Jill, and Bill shared evenly 18 marbles in a game. How many marbles did each one get? ______ ☐ ______ = ______	**b.** Four children played marbles. Each one had 7 marbles. How many marbles were there in total? ______ ☐ ______ = ______
c. Ashley cut a 24-inch long string into 6 equal pieces. How long was each piece of string? ______ ☐ ______ = ______	**d.** Mom bought 24 hairpins and divided them evenly among her 3 daughters. How many hairpins did each girl get? ______ ☐ ______ = ______

8. **a.** Make a *division* story problem about 20 apples and some horses.
   (You choose the number of horses.)

   b. Make a division story problem about 24 toy cars and some children.
   (You choose the number of children.)

Multiplication and Division Word Problems

Example: The picture shows horses in pastures. A word problem about this situation could ask about...

- the number of groups (number of pastures);
- the number of horses in each pasture; or
- the total number of horses.

Here is one such word problem:

"Fifteen horses were placed evenly in pastures, five horses in each pasture. How many pastures were needed?"

What is another word problem you could make?

In **multiplication word problems**...

- There are groups that are the same size.
- You are asked the total.
- You know *how many groups there are* <u>and</u> *how many are in each group*.

In **division word problems**...

- There are groups that are the same size.
- You already know the total.
- You are told either how many groups there are or how many are in each group.
- You are asked *how many are in each group* or *how many groups there are*.

1. Solve. Write a division *or* a multiplication for each problem. The box ☐ is where you will write either × or ÷ . Think: **is the problem asking for a total? Or do you already know the total**, and it asks "how many groups/parts" or "how many in each group/part"?

a. Henry has 90 stamps in his stamp album with ten stamps on each page. How many pages are full of stamps?	**b.** Jill puts 12 stamps per page in her stamp album. Eight pages in her album are full of stamps. How many stamps does she have?
_______ ☐ _______ = _______	_______ ☐ _______ = _______
_______ pages are full of stamps.	She has _______ stamps.

2. Solve. Write a division *or* a multiplication for each problem. Think: is the problem asking for a total? Or do you already know the total?

a. If four children can fit into one taxi, how many children would fit into 11 taxis?

_______ ☐ _______ = _______

There would be _______ children.

b. Four children can fit into one taxi. How many taxis do you need for 12 children?

_______ ☐ _______ = _______

You need _______ taxis.

c. If there are ten eggs in each carton, how many eggs are in five cartons?

_______ ☐ _______ = _______

There are _______ eggs in five cartons.

d. Ryan placed ten toy cars in bags, with five cars in each bag. How many bags did he use?

_______ ☐ _______ = _______

He used _______ bags.

e. Ella can fit three bottles of juice into one plastic bag. How many can she fit into five bags?

_______ ☐ _______ = _______

She can fit _______ bottles in five bags.

f. Amy can fit three bottles of juice into one plastic bag. How many bags will she need for 18 bottles?

_______ ☐ _______ = _______

She will need _______ bags.

g. Maya, Jayce, and Lily divided 36 cherries equally. How many did each one get?

_______ ☐ _______ = _______

Each one got _______ cherries.

h. The teacher made five equal groups with a class of 25 students. How many students were in each group?

_______ ☐ _______ = _______

Each group had _______ students.

i. How many people are in seven vans if each van has five people in it?

_______ ☐ _______ = _______

There are _______ people in seven vans.

j. Luke divided a 27-inch-long board into three parts. How long was each part?

_______ ☐ _______ = _______

Each part was _______ long.

More Word Problems

> **Example.** Rob picked 15 flowers and Tom picked 9. They put them together, and then placed the flowers in two vases evenly.
>
> What new thing or new information can we find out using what the problem says?
>
> - We could find out how many flowers they picked in total.
> - Then after that, we could figure out how many flowers went in each vase.
>
> Which of these equations tells us the number of flowers (F) in each vase? Check the bottom of the page for the right answer, but think first.
>
> $$F = 15 + 9 \div 2 \qquad F = (15 + 9) \div 2 \qquad 2 = (15 + 9) \div F \qquad F \div 2 = 15 + 9$$

1. Match the correct equation(s) with the problem. Find also the value of the unknown.

Mom had 14 cherries in one container and 13 in another. Mom, Dad, and Liz shared them equally. How many did each get?

$$c \div 3 = 14 + 13 \qquad (14 + 13) \div 3 = c$$

$$14 + 13 + c = 3 \qquad c = 14 + 13 \div 3$$

$c = $ ___________

2. Solve. Write an equation for each problem. Use a letter for the unknown.

a. Four buckets of blueberries weigh 4 kg, 6 kg, 7 kg, and 5 kg. Mom packaged the blueberries into containers, 2 kg in each. How many containers did she use?

____

____

b. One box holds 12 crayons. How many crayons are in four full boxes and in one that has five missing?

____

____

c. A meeting room has seven rows of chairs with ten chairs in each row, AND one more row with eight chairs. How many chairs are there?

____

Answer to the teaching box: $F = (15 + 9) \div 2$. The parentheses indicate that we need to add first (to get 24) and only after that we divide, to get $F = 24 \div 2 = 12$ flowers.

3. Solve. Write a division *or* a multiplication for each problem. Think: is the problem asking
   for a total? Or do you already know the total?

<table>
<tr><td>

a. Mom made 20 liters of tea, and poured
it into 2-liter jars. How many jars did
she fill?

____

She filled _________ jars.

</td><td>

b. Marlene studied three hours each day
for seven days. How many hours did
she spend studying in total?

____

She spent _________ hours in total.

</td></tr>
<tr><td>

c. Mom has 24 eggs. It takes eight eggs to
make an omelet for the family. How
many omelets can she make?

____

She can make _________ omelets.

</td><td>

d. If you can fit 12 crayons into a box,
how many boxes do you need for 60
crayons?

____

You will need _________ boxes.

</td></tr>
</table>

4. What new thing or new information can you find out using what the problem says?
   Write a number sentence to show what you find out and explain.

a. You can fit five students into a van, and there are 20 students.

b. Erica packed hairpins in bags. She put 20 pins in each bag and filled four bags.

c. Four small poster boards can be put together to make a BIG poster board.
Brian needs two big poster boards.

d. Ken placed 30 marbles in rows of five.

Zero in Division

What do you think 6 ÷ 0 would be? 

We could think of sharing 6 apples between zero persons, but that does not make sense. We cannot even talk about how many each one gets, because there is no one around.

We could think of making groups of 0. How many groups would you get? Again, you would not get anywhere; you would never get those 6 apples put into groups of 0.

You might think that maybe $6 \div 0 = 0$ or that each person gets zero apples. Check it with multiplication! You would get $0 \times 0 = 6$, which is not true! So, $6 \div 0 = 0$ does not work either.

Dividing six by zero ($6 \div 0$) is "undefined." Basically, you cannot do it.
The same happens with 1, 2, 3, 4, 5, 7, 8, etc.

What about $0 \div 0$? Could we say $0 \div 0 = 0$?

$0 \div 0$ is hard. The answer could be zero, but actually the answer could be *any* number :

Let's say that $0 \div 0 = 2$.   Check by multiplying: $2 \times 0 = 0$;   OK. So 2 would work.
Let's say that $0 \div 0 = 0$.   Check by multiplying: $0 \times 0 = 0$;   OK. So 0 would work.
Let's say that $0 \div 0 = 11$. Check by multiplying: $11 \times 0 = 0$; OK. So 11 would work.

So, we cannot find just ONE answer. We say that the answer cannot be determined.

Dividing a number by zero does not work.

What about zero divided by something? That is perfectly fine. For example, $0 \div 5 = 0$. "If there are zero apples and five people, each person gets zero apples."

1. Solve. CROSS OUT all the problems that are impossible. Think about sharing apples.

a. $4 \div 1 =$ ______ $4 \div 0 =$ ______	**b.** $14 \div 14 =$ ______ $0 \div 0 =$ ______	**c.** $1 \div 1 =$ ______ $7 \div 0 =$ ______	**d.** $0 \div 5 =$ ______ $5 \div 5 =$ ______
e. $0 \div 1 =$ ______ $0 \div 4 =$ ______	**f.** $0 \div 14 =$ ______ $14 \div 0 =$ ______	**g.** $0 \div 3 =$ ______ $0 \div 1 =$ ______	**h.** $10 \div 10 =$ ______ $1 \div 1 =$ ______

In multiplication, zero works just fine!

Multiplication means you have many groups of the same size. You can find the total by adding. Therefore:

$5 \times 0 = 0 + 0 + 0 + 0 + 0 = 0$ (five groups of zero items)	$0 \times 3 = 0$ (zero groups of three items)

2. Multiply. Then for each multiplication, make a matching division sentence <u>if possible</u>.

a. $6 \times 1 =$ _______ ______ ÷ _____ = _____	**b.** $0 \times 8 =$ _______ ______ ÷ _____ = _____	**c.** $5 \times 7 =$ _______ ______ ÷ _____ = _____
d. $10 \times 11 =$ _______ ______ ÷ _____ = _____	**e.** $1 \times 1 =$ _______ ______ ÷ _____ = _____	**f.** $1 \times 8 =$ _______ ______ ÷ _____ = _____
g. $0 \times 0 =$ _______ ______ ÷ _____ = _____	**h.** $5 \times 9 =$ _______ ______ ÷ _____ = _____	**i.** $9 \times 0 =$ _______ ______ ÷ _____ = _____

3. Make a QUESTION for each situation. (Think what you can find out using what the problem tells you.) Then solve your question.

a. Mark, Jack, and Joe decided to share their toy cars evenly in a game. Mark had 18 cars, Jack had 7, and Joe had 11.	**b.** Mrs. Elliott hired six children to do yard work. She paid one of them $15, and the rest of them $10 each.

Puzzle Corner

Divisions and multiplications involving zero lead to some interesting situations. Can you solve what ☐ stands for?

a. $0 \div \square = 4$ **b.** $0 \times \square = 0$ **c.** $\square \div 0 = 6$ **d.** $0 \times \square = 3$

Division Practice

1. Divide, and color by number.

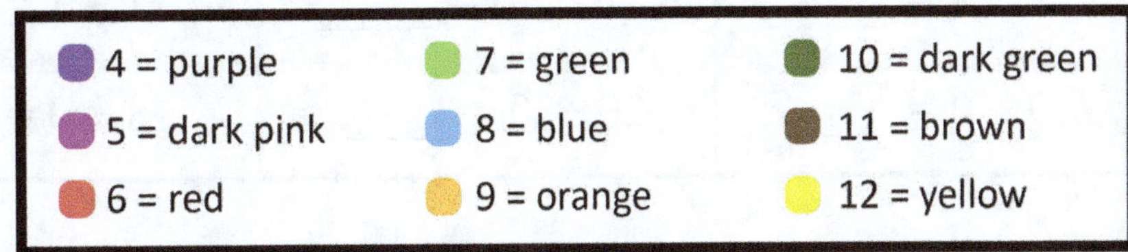

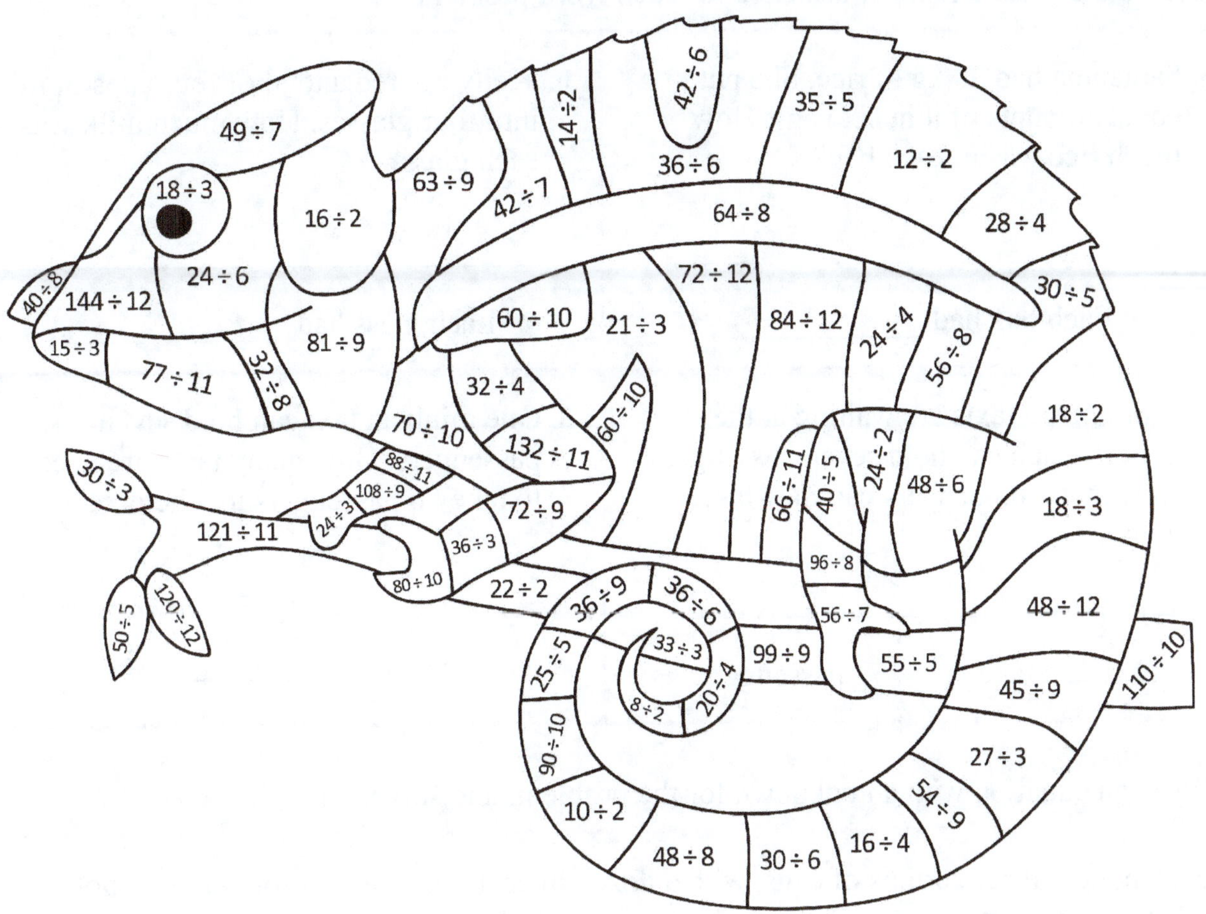

2. Play the game Go Fish! Division or Parrot Divisions (see the introduction).

3. Make a QUESTION for each situation. (Think what you can find out using what the problem tells you.) Then solve your question.

a. Jeremy wants to read two books that have 32 and 40 pages. He reads 12 pages a day.	**b.** Kelly had 80 cm of red material and 40 cm of blue material. She cut it all into 20-cm pieces.

4. Divide. Cross out the divisions that cannot be done.

a. $9 \div 1 =$ ______ $9 \div 0 =$ ______	b. $0 \div 20 =$ ______ $20 \div 0 =$ ______	c. $11 \div 1 =$ ______ $8 \div 0 =$ ______	d. $0 \div 0 =$ ______ $0 \div 10 =$ ______

5. Solve, and write a number sentence for each word problem.

a. Samantha had 30 kg of rice. She put equal amounts of it in six bags. How much rice was in each bag? ______________________ Each bag had ___________.	**b.** Kelly poured a total of four cups of milk into four glasses. How much milk was in each glass? ______________________ Each glass had ___________.
c. Six minivan taxis are waiting at the airport. Each can hold seven passengers. How many passengers can they take, in total? ______________________ They can take _______ passengers.	**d.** One minivan taxi can hold seven passengers. How many taxis are needed to take 56 passengers to a hotel? ______________________ You need ________ taxis.

6. Write an equation with an unknown for the problem, and solve.

Greg bought three cartons of eggs, with a dozen in each, plus one carton that was not full. In total he bought 41 eggs. How many eggs were in the carton that was not full?

____

The carton that was not full had _______ eggs.

7. Find the missing numbers.

a.	b.	c.	d.
$56 \div 7 =$ ______	$48 \div 6 =$ ______	______ $\div 9 = 5$	$56 \div$ ______ $= 8$
$42 \div 7 =$ ______	$72 \div 6 =$ ______	______ $\div 9 = 9$	$40 \div$ ______ $= 4$
$49 \div 7 =$ ______	$54 \div 6 =$ ______	______ $\div 9 = 11$	$32 \div$ ______ $= 8$

8. Fill in the patterns.

a. $20 \div 2 =$ _____	**b.** $40 \div 20 =$ _____	**c.** $45 \div 5 =$ _____
$22 \div 2 =$ _____	$80 \div 20 =$ _____	$55 \div 5 =$ _____
$24 \div 2 =$ _____	$120 \div 20 =$ _____	$65 \div 5 =$ _____
$26 \div 2 =$ _____	$160 \div 20 =$ _____	$75 \div 5 =$ _____
_____ $\div 2 =$ _____	_____ $\div 20 =$ _____	_____ $\div 5 =$ _____
_____ $\div 2 =$ _____	_____ $\div 20 =$ _____	_____ $\div 5 =$ _____
_____ $\div 2 =$ _____	_____ $\div 20 =$ _____	_____ $\div 5 =$ _____
_____ $\div 2 =$ _____	_____ $\div 20 =$ _____	_____ $\div 5 =$ _____

9. Solve for the unknowns.

a. 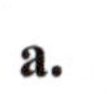 $= 32 \div 8$ 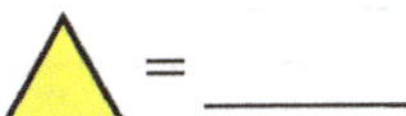 $=$ _____	**b.** 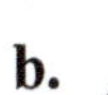 $\div 5 = 10$ $=$ _____	**c.** $48 \div$ 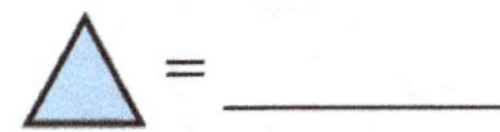 $= 8$ $=$ _____
d. $7 = x \div 7$ $x =$ _____	**e.** $y \times 1 = 8$ $y =$ _____	**f.** $z = 8 \times 5$ $z =$ _____

What numbers can go into the puzzles? The last one is totally empty so you can make one puzzle of your own!

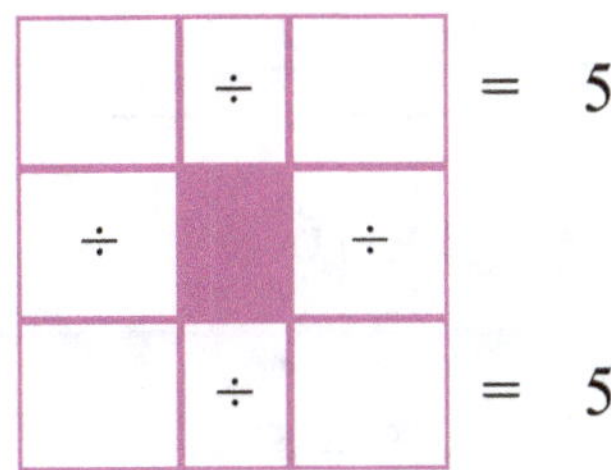

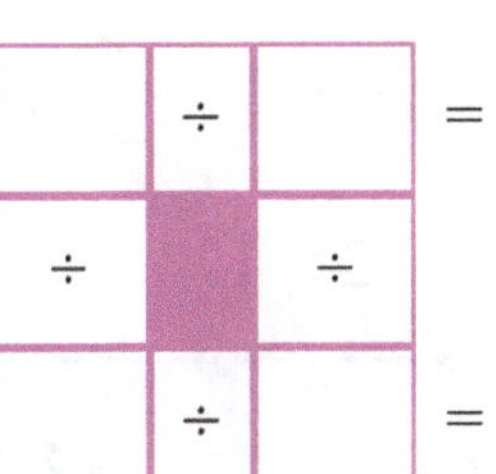

Missing Numbers

1. Can you find the missing numbers in these problems? What strategies can you use?

a. $24 \div \underline{\quad} = 4$	**b.** $32 \div \underline{\quad} = 8$	**c.** $\underline{\quad} \div 4 = 5$	**d.** $\underline{\quad} \div 7 = 10$

$x \div 2 = 7$
$\longleftarrow$
$\times$

Multiply in this direction.

What number fits in place of x?

Division is like "backwards multiplication." One way to solve this is to go "backwards," so to speak, and multiply. We start from 7, and multiply $7 \times 2 = x$. That is easier to solve! So, $x = 14$.

$40 \div y = 5$
$\longleftarrow$
$\times$

In this example, we can again turn the division into a multiplication. It becomes $5 \times y = 40$.

You can choose whichever equation is easier for you to solve!

---

2. Find the missing numbers.

a. $16 \div 4 = \underline{\quad}$	**b.** $21 \div \underline{\quad} = 3$	**c.** $42 \div \underline{\quad} = 6$	**d.** $\underline{\quad} \times 5 = 45$
e. $5 \times \underline{\quad} = 45$	**f.** $12 \times \underline{\quad} = 84$	**g.** $7 \times \underline{\quad} = 56$	**h.** $4 \times 12 = \underline{\quad}$

3. Find the unknown numbers (marked by a circle).

a. $\bigcirc \div 4 = 7$ $\bigcirc = \underline{\quad}$	**b.** $54 \div \bigcirc = 6$ $\bigcirc = \underline{\quad}$	**c.** $144 \div 12 = \bigcirc$ $\bigcirc = \underline{\quad}$	**d.** $\bigcirc \div 11 = 11$ $\bigcirc = \underline{\quad}$

4. Here, each division has a matching multiplication. Fill in the missing parts.

a. $12 \div 2 = \underline{\quad}$ $\underline{\quad} \times 2 = 12$	**b.** $\underline{\quad} \div 2 = \underline{\quad}$ $\underline{\quad} \times 2 = 22$	**c.** $16 \div \underline{\quad} = \underline{\quad}$ $\underline{\quad} \times 2 = 16$
d. $\underline{\quad} \div \underline{\quad} = 8$ $8 \times 3 = \underline{\quad}$	**e.** $32 \div 4 = \underline{\quad}$ $\underline{\quad} \times 4 = \underline{\quad}$	**f.** $\underline{\quad} \div 5 = 5$ $\underline{\quad} \times 5 = \underline{\quad}$

5. Divide. Think about the matching multiplication.

a. $30 \div 5 =$ _______	**b.** $99 \div 9 =$ _______	**c.** $100 \div 10 =$ _______
$24 \div 3 =$ _______	$72 \div 6 =$ _______	$80 \div 10 =$ _______
$64 \div 8 =$ _______	$27 \div 3 =$ _______	$45 \div 9 =$ _______

6. Solve for the unknown.

a. $x \div 2 = 7$ $x =$ _______	**b.** $y \div 5 = 6$ $y =$ _______	**c.** $s \div 7 = 4$ $s =$ _______
d. $20 \div v = 2$ $v =$ _______	**e.** $35 \div 5 = w$ $w =$ _______	**f.** $56 \div z = 8$ $z =$ _______

7. Write a multiplication _or_ a division for each situation. Also explain or write what you find out with the calculation. The box ☐ is where you write × or ÷ .

a. Sandra put 5 toys in each of the ten boxes.

 There were 50 toys in total.

$$10 \times 5 = 50$$

b. Elijah put 30 grapes evenly on five plates.

____

_____ ☐ _____ = _____

c. Eric had 20 blocks. He made stacks with them. There were four blocks in each stack.

____

_____ ☐ _____ = _____

d. Ken read three short books in one afternoon. Each book had 20 pages.

____

_____ ☐ _____ = _____

e. Three children shared the job of planting 30 strawberry plants.

____

_____ ☐ _____ = _____

Bar Graphs

This is a **bar graph**. It shows us the number of books some children read during a vacation reading assignment. Notice that the graph has a **title** ("Books Read by the Children").

Notice also that the left side of the graph has a number line going upwards. This number line is called **an axis**. Since it is "upright", we call it **the vertical axis**. Since it is labeled with numbers, we also call it **the numerical axis**.

The numbers on the vertical axis go by twos. We say the axis has **a scale** of 2 and that the graph is a scaled bar graph.

1. Answer the questions using the graph above.

   a. Who read the most books? _____________________ How many? _________

   b. The child that read the most books read _________ more books than the child that read the least.

   c. How many more books did Grayson read than Owen?

   d. How many more books did Emilia read than Ava?

   e. Who read more, Nora and Ava together or Oliver and Finn together?

   ____

   f. Altogether, Emilia, Violet, Nora, and Ava read _______ books.

2. The table shows the number of dogs that a pet store sold during various months. Draw a bar graph from the data. Some of the numbers on the left side of the graph are missing (they go by 5s). Fill those in.

Month	Dogs sold
March	15
April	25
May	20
June	30
July	20
Total	

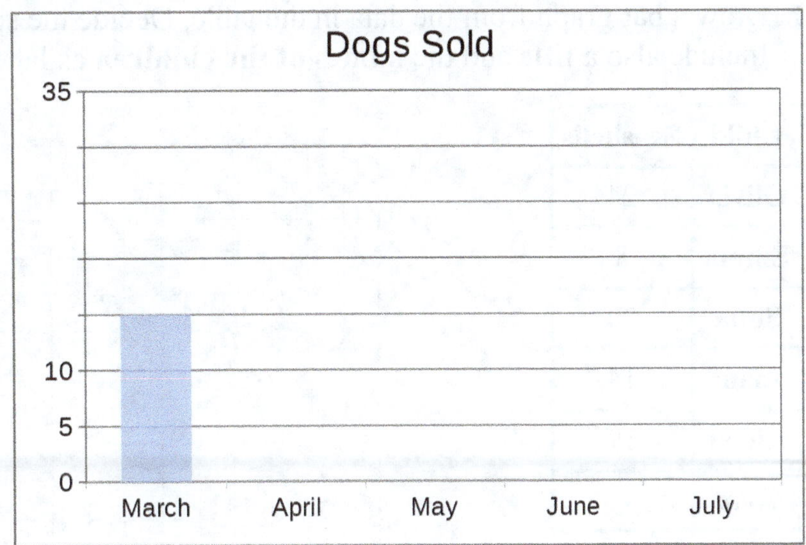

3. Luna, Simba, Oliver, and Leo are four cats that live in the same house. The table shows how many cans of cat food each cat ate in a week. Fill in the total they ate in the table. Then draw a bar graph. You need to **decide the scale** for the numerical axis.

Name	Cans of cat food
Luna	15
Simba	11
Oliver	16
Leo	21
Total	

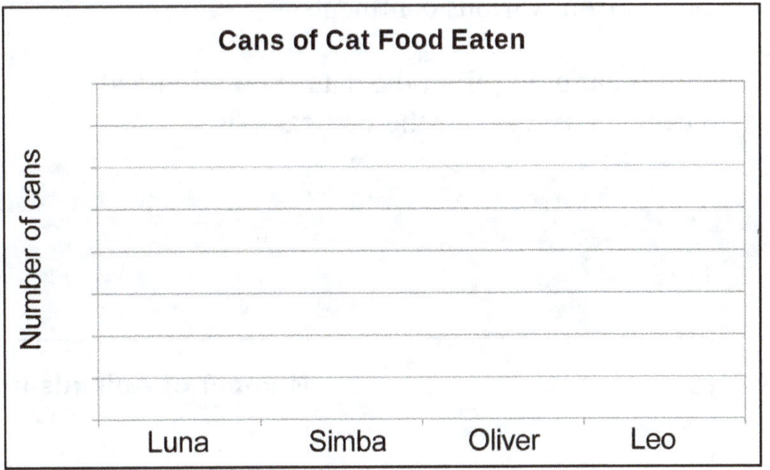

4. Use the information in question 3.

   a. How many more cans did Luna eat than Simba?

   b. Now let's think about Luna & Simba together compared to Leo.
   How many more cans did Luna & Simba eat together than Leo?

   c. How many more cans did the cat that ate the most eat than the cat that ate the least?

   d. (optional) What could be the reason that Leo ate more than any other cat?

5. The table shows how many seashells different children collected on a trip to the beach.

   a. Find how many seashells they collected in total.

   b. Draw a bar graph from the data in the table. Decide the scale for the numerical axis.
      Include also a **title** and the **names of the children** as labels for the bars.

Child	Seashells
Olivia	24
Emma	8
Sofia	30
Liam	14
Aiden	19
Total	

6. The table shows the number of animals a small zoo has from various continents.

   Draw a bar graph from the data. You will need to decide the scale for the vertical axis.

Continent	Animals
Africa	89
Asia	58
Australia	46
Europe	72
North America	90
South America	62

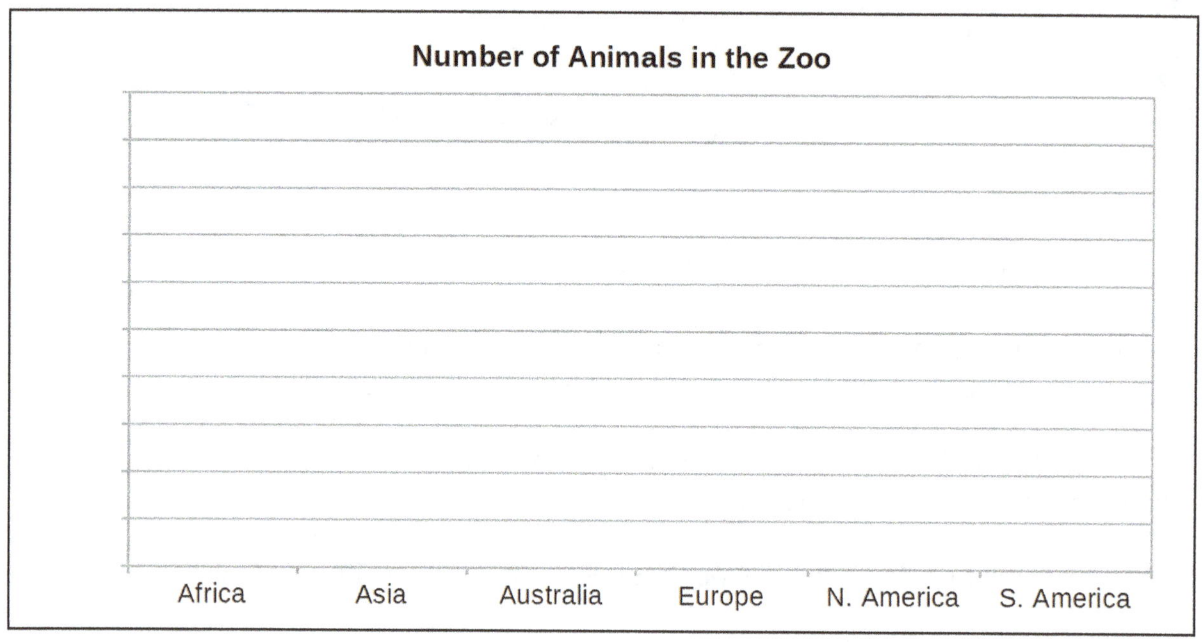

7. The graph shows how many bottles
   of water a grocery store sold from
   Monday through Saturday.

   For each day, find *about* how many
   many bottles were sold.

   To do that, look how tall each
   column is, and <u>round the number
   to the nearest ten</u>. Then write it in
   the table below.

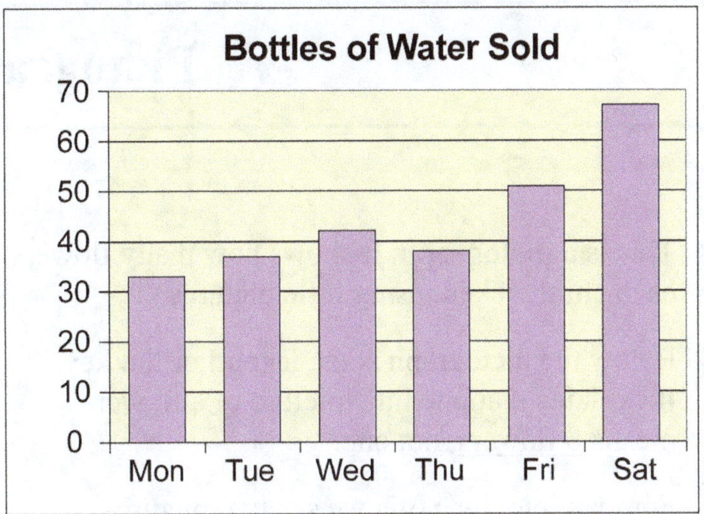

Day	Mon	Tues	Wed	Thurs	Fri	Sat
Bottles of water	about	about	about	about	about	about

a. *About* how many *more* bottles did the store
   sell on Saturday than on Monday?

b. *About* how many bottles of water did the
   store sell on Friday and Saturday together?

   And on the other four days?

8. The table shows how many minutes each child spent working in the garden during one
   week. Draw a bar graph from the data. Don't forget to add a title.

Time (min)	Jayden	Sebastian	Lily	Hannah	Greta
Child	60	100	30	90	95

Pictographs

This is a **pictograph.** It shows how many flowers each child picked, using little pictures.

Below the pictograph is the **legend** or the **key**. It explains that one little picture of a flower means 8 flowers, not one.

For example, for Sofia we see two pictures of flowers. This means she picked 16 flowers.

Flowers Picked	
Ava	🌼🌼🌼
Sofia	🌼🌼
Oliver	🌼🌼🌼🌼
Liam	🌼

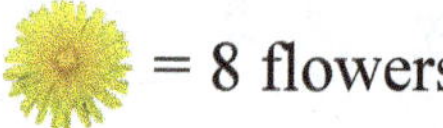 = 8 flowers

1. Look at the pictograph above and answer the questions.

   a. How many more flowers did Ava pick than Liam?

   b. How many did Sofia and Ava pick together?

   c. Who picked more, Oliver & Liam together, or Ava and Sofia together?

2. The children picked fruit from Grandpa Jerry's fruit trees. They picked 35 oranges, 10 mangos, 40 bananas and 25 apples. Make a pictograph to show this. Draw **one** fruit **picture** to mean **10 fruits**. Draw a picture of a half fruit to mean 5 fruits.

Key	Fruits We Picked	
= 10 oranges	oranges	
= 10 mangos	mangos	
= 10 bananas	bananas	
= 10 apples	apples	

3. Fill in the pictograph on the right to show how many
   kilograms of vegetables different families used
   in a month.

   Use a carrot for the picture. Choose how many
   kilograms it represents.

   The Jacksons used 15 kg.
   The Joneses used 10 kg.
   The Millers used 20 kg.
   The Eastmans used 30 kg.
   The Davises used 25 kg.

<table>
<tr><th colspan="2">Vegetable use in one month</th></tr>
<tr><td>Jacksons</td><td></td></tr>
<tr><td>Joneses</td><td></td></tr>
<tr><td>Millers</td><td></td></tr>
<tr><td>Eastmans</td><td></td></tr>
<tr><td>Davises</td><td></td></tr>
</table>

= _______ kg of vegetables

4. Answer the questions using the information in the previous exercise.

   a. How many more kilograms of vegetables
   did the Davises use than the Joneses?   __________ kg

   b. How many more kilograms of vegetables did the
   Jacksons and the Joneses use together than the Millers?   __________ kg

   c. How many kilograms of vegetables did the three
   families that used the most vegetables use in total?   __________ kg

5. The Hall family members received many packages in the mail last month. Of all the
   packages, 12 were for Mom, 10 for Dad, 4 for Isabella, and 2 for Cayden.

   Draw a pictograph from this data. Don't forget to fill in the key.

   Optionally, you can also use half of your chosen picture to represent half of the amount
   in your key.

<table>
<tr><th colspan="2">Hall Family Packages</th></tr>
<tr><td>Mom</td><td></td></tr>
<tr><td>Dad</td><td></td></tr>
<tr><td>Isabella</td><td></td></tr>
<tr><td>Cayden</td><td></td></tr>
</table>

Key: = _____ packages

6. Draw a pictograph to show the information in the table.

Quantity of Milk Anderson Family Purchased (in liters)	
January	12
February	14
March	13
April	15
May	10
June	11

  - Decide a picture to use in the pictograph, and how many
    liters of milk your picture represents. Remember that
    you can use half of your picture to represent half
    of that amount.

  - Put a legend near the pictograph.

  - Also include a title.

7. Refer to the previous exercise. How much more milk did the Anderson family consume
   in the first three months of the year than in the next three months?

8. Jack is a fisherman. Last week he caught these amounts of fish:
   Monday: 600 kg; Wednesday: 1200 kg; Friday: 1000 kg; Sunday: 600 kg

   a. Make a pictograph to show how many fish he caught last week.

   b. How much bigger catch did Jack get on Friday than on Monday?

   c. How many kilograms of fish did he catch in total during the week?

When Division Is Not Exact

(This lesson is optional.)

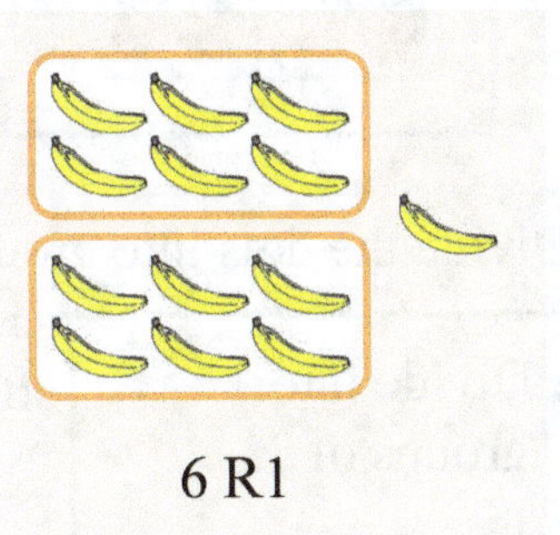

Example 1. If we divide 13 bananas evenly between Luke and Emma, how many does each one get?

Each one gets 6 bananas and one banana is left over.

The leftover banana is called **the remainder**, and is indicated after the letter R. So, 6 R1 means six bananas for each person, with one left over.

6 R1

1. Fill in the blanks. You can draw sticks or circles to represent the items.

a. Divide 14 bananas among 3 people.

Each person gets _____ bananas and _____ bananas are left over.

4 R2

b. Divide 14 carrots among 3 people.

Each person gets _____ carrots and _____ carrots are left over.

_____ R _____

c. Divide 8 pears among 5 people.

Each person gets _____ pear(s) and _____ pears are left over.

_____ R _____

d. Divide 14 apples among 4 people.

Each person gets _____ apples and _____ apples are left over.

_____ R _____

e. Divide 15 hens into 6 boxes.

Each box has _____ hens, and _____ hens are left over.

_____ R _____

f. Divide 9 fish between 2 people.

Each person gets _____ fish and _____ fish are left over.

_____ R _____

Here is another way of looking at division and remainder. How many **groups of two** can we make out of 13 apples?

We can make **six** groups. One apple is left over.

2. Divide the dots into groups and fill in.

a. Divide into groups of 3.	**b.** Divide into groups of 4.	**c.** Divide into groups of 6.	**d.** Divide into groups of 5.
_____ groups _____ dot(s) left over	_____ groups _____ dot(s) left over	_____ groups _____ dot(s) left over	_____ groups _____ dot(s) left over

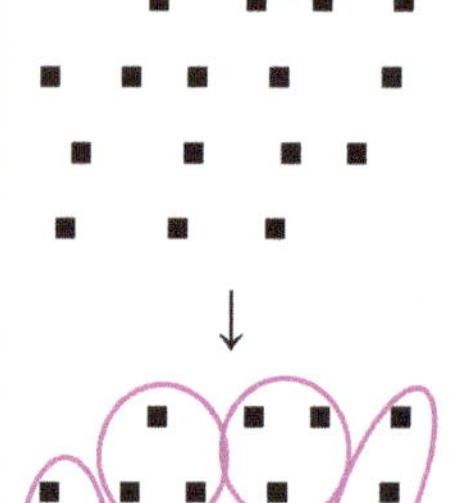

Example 2. These 16 dots signify 16 children in a classroom. The teacher wants to divide the children into five groups, as evenly as possible. How many groups will there be?

Since $5 \times 3 = 15$, the teacher can make five groups of 3, with one child left over. It makes sense to put the one child into one of the groups of 3.

So, there will be four groups of 3 children, and one group of 4 children.

3. Divide the dots into groups as evenly as possible. The groups will not all be the same size.

a. Make 3 groups.	**b.** Make 3 groups.	**c.** Make 4 groups.
_____ groups of _____ _____ group(s) of ___	_____ groups of _____ _____ group(s) of ___	_____ groups of _____ _____ group(s) of ___

Example 3. If 20 flowers are put in vases, three per vase, how many vases will there be?

Think: How many groups of 3 are there in 20?
Or: How many times does 3 fit into 20?

6 × 3 = 18 (too little)
7 × 3 = 21 (too much)

So, 3 goes or fits into 20 six times.
Since 6 × 3 = 18 and 18 is 2 less than 20, the remainder is 2.

This means we get six vases and two flowers are left over.

4. Solve. You can draw a picture to help.

a. You have 25 flowers. How many vases of flowers will you get if you put six flowers in each vase?	**b.** Three families share 17 bottles of water. How many bottles will each family get? How many bottles are left over? (What could they do with the leftover bottles?)
c. Tim packed 56 eggs into cartons of 12 eggs each. How many cartons were full?	**d.** Mason and Ava share 9 cookies. How could they do that, as evenly as possible?
e. Mom baked 29 rolls and divided them as evenly as she could between eight guests. How many rolls did each one get? Were any left over?	**f.** 31 children are divided into four groups. How can the grouping be done so that the groups are as even as possible?

Review

1. Write a multiplication and a division fact to match each picture.

a. ____ × ____ = ____

____ ÷ ____ = ____

b. ____ × ____ = ____

____ ÷ ____ = ____

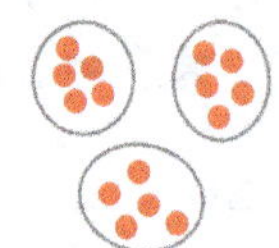

2. Divide.

a.	b.	c.	d.
$36 \div 6 =$ ____	$36 \div 3 =$ ____	$56 \div 7 =$ ____	$0 \div 9 =$ ____
$3 \div 3 =$ ____	$60 \div 6 =$ ____	$72 \div 9 =$ ____	$16 \div 16 =$ ____
$4 \div 1 =$ ____	$54 \div 9 =$ ____	$100 \div 10 =$ ____	$12 \div 1 =$ ____

3. Make fact families.

a.	b.	c.
____ × 6 = 42	____ × ____ = ____	____ × ____ = ____
____ × ____ = ____	____ × ____ = ____	____ × ____ = ____
____ ÷ ____ = ____	____ ÷ 8 = 1	____ ÷ ____ = ____
____ ÷ ____ = ____	____ ÷ ____ = ____	49 ÷ ____ = 7

4. Find the missing numbers.

a. $54 \div$ ____ $= 9$	**b.** ____ $\div 5 = 4$	**c.** ____ $\div 3 = 3$	**d.** $72 \div$ ____ $= 8$

5. Multiply. Then for each multiplication, write two matching divisions **<u>if possible</u>**.

a.	b.	c.
$6 \times 0 =$ ____	$1 \times 9 =$ ____	$0 \times 0 =$ ____
____ ÷ ____ = ____	____ ÷ ____ = ____	____ ÷ ____ = ____
____ ÷ ____ = ____	____ ÷ ____ = ____	____ ÷ ____ = ____

6. Solve the word problems. Write an equation for each problem.

<table>
<tr>
<td>

a. The teacher bought six boxes of crayons with eight in each box. How many crayons does she have?

____

She has _______ crayons.

</td>
<td>

b. The coach of a swimming club put 24 children into groups of six. How many groups did that make?

____

It made _______ groups.

</td>
</tr>
<tr>
<td>

c. Rachel packaged cookies in bags to sell them. She had 48 cookies and she put 6 cookies in each bag. How many bags of cookies did she have?

____

She had _______ bags of cookies.

</td>
<td>

d. Emma wrote some invitations. She put three stickers in each invitation. She used 12 stickers <u>in total</u>. How many invitations did she write?

____

She wrote __________ invitations.

</td>
</tr>
</table>

7. **a.** Draw a bar graph to show the data in the table. Reminder: you will need to choose a scale for the vertical axis.

b. How many more students are in the sports club than in the math club?

c. How many students are in the art, music, and sports clubs in total?

Club	Membership
Art Club	12
Music Club	24
History Club	8
Math Club	16
Sports Club	32

Answers

Division as Making Groups, pp. 9-11

1.

a. There are <u>15</u> carrots.
   Make groups of 5.
   How many groups? 3
   How many 5's are
   there in <u>15</u>? 3
	b. There are 20 berries.
	   Make groups of 4.
	   How many groups? 5
	   How many 4's are
	   there in 20? 5
		c. There are 9 apples.
		   Make groups of 3.
		   How many groups? 3
		   How many 3's are
		   there in 9? 3

d. There are 10 fish.
   Make groups of 2.
   How many groups? 5
   How many 2's are
   there in 10? 5
	e. There are 12 daisies.
	   Make groups of 6.
	   How many groups? 2
	   How many 6's are
	   there in 12? 2
		f. There are 16 camels.
		   Make groups of 4.
		   How many groups? 4
		   How many 4's are
		   there in 16? 4

2. a. $10 \div 2 = 5$.   b. $20 \div 4 = 5$.
  c. $18 \div 6 = 3$.   d. $9 \div 3 = 3$.
  e. $15 \div 5 = 3$.   f. $21 \div 3 = 7$.

3.

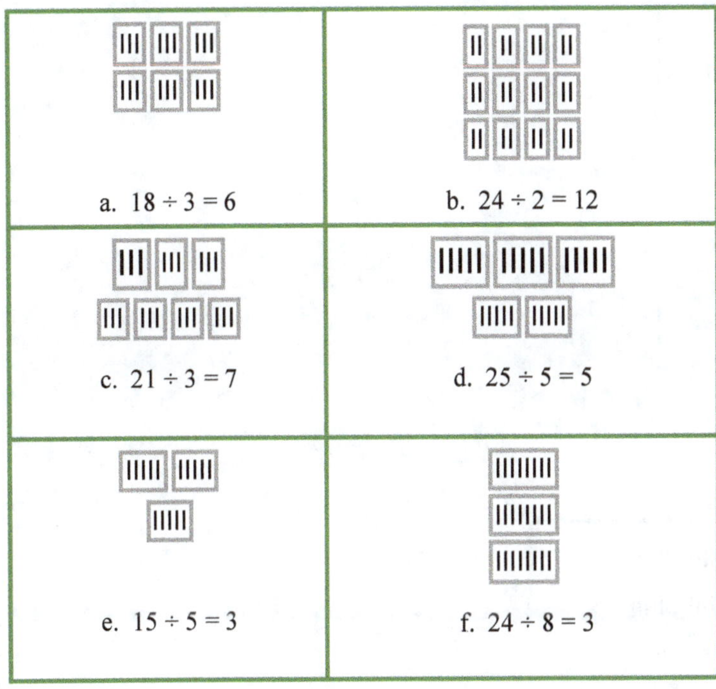

a. $18 \div 3 = 6$	b. $24 \div 2 = 12$
c. $21 \div 3 = 7$	d. $25 \div 5 = 5$
e. $15 \div 5 = 3$	f. $24 \div 8 = 3$

4. a. $20 \div 4 = 5$ b. $20 \div 2 = 10$ c. $30 \div 6 = 5$ d. $24 \div 3 = 8$
  e. $20 \div 5 = 4$ f. $21 \div 7 = 3$ g. $24 \div 6 = 4$ h. $20 \div 10 = 2$

1.

a. Two _groups of 6_ is 12. $2 \times 6 = 12$ 12 divided into **groups of 6** is two groups. $12 \div 6 = 2$	b. Five **groups of 2** is <u>10</u>. $5 \times 2 = 10$ 10 divided into _groups of 2_ is 5 groups. $10 \div 2 = 5$
c. One **group of 4** is 4. $1 \times 4 = 4$ 4 divided into _a group_ _of 4_ is one group. $4 \div 4 = 1$	d. Five _groups of 1_ is 5. $5 \times 1 = 5$ 5 divided into _groups_ _of 1_ is 5 groups. $5 \div 1 = 5$
e. 7 _groups of 2_ is 14. $7 \times 2 = 14$ 14 divided into _groups of 2_ is 7 groups. $14 \div 2 = 7$	f. 6 _groups of 3_ is 18. $6 \times 3 = 18$ 18 divided into _groups of 3_ is 6 groups. $18 \div 3 = 6$

2.

a. $2 \times 4 = 8$ $8 \div 4 = 2$	b. $6 \times 2 = 12$ $12 \div 2 = 6$
c. $4 \times 4 = 16$ $16 \div 4 = 4$	d. $2 \times 6 = 12$ $12 \div 6 = 2$
e. $1 \times 4 = 4$ $4 \div 4 = 1$	f. $2 \times 7 = 14$ $14 \div 7 = 2$

g. $3 \times 6 = 18$ $18 \div 6 = 3$	h. $4 \times 2 = 8$ $8 \div 2 = 4$	i. $1 \times 5 = 5$ $5 \div 5 = 1$

3.

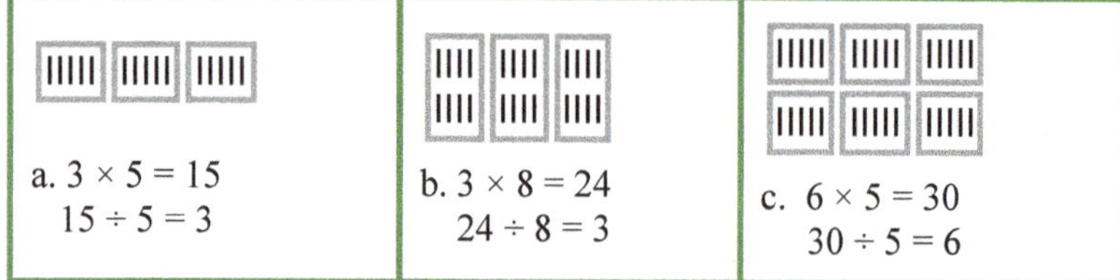

a. $3 \times 5 = 15$
   $15 \div 5 = 3$
	b. $3 \times 8 = 24$
	   $24 \div 8 = 3$
		c. $6 \times 5 = 30$
		   $30 \div 5 = 6$

4.

a. $14 \div 2 = 7$
   $7 \times 2 = 14$
	b. $18 \div 2 = 9$
	   $9 \times 2 = 18$
		c. $21 \div 7 = 3$
		   $3 \times 7 = 21$

d. $54 \div 6 = 9$
   $9 \times 6 = 54$
	e. $24 \div 4 = 6$
	   $6 \times 4 = 24$
		f. $30 \div 3 = 10$
		   $10 \times 3 = 30$

g. $32 \div 4 = 8$	h. $56 \div 7 = 8$	i. $55 \div 5 = 11$

5.

a.	b.	c.	d.
$24 \div 4 = 6$ $16 \div 2 = 8$ $20 \div 2 = 10$ $36 \div 9 = 4$	$15 \div 5 = 3$ $35 \div 5 = 7$ $49 \div 7 = 7$ $54 \div 9 = 6$	$32 \div 8 = 4$ $40 \div 8 = 5$ $50 \div 5 = 10$ $42 \div 6 = 7$	$48 \div 6 = 8$ $56 \div 8 = 7$ $81 \div 9 = 9$ $100 \div 10 = 10$

Puzzle corner. a. 10   b. 8   c. 50   d. 2   e. 1   f. 5

Multiplication and Division Fact Families, pp. 15-17

1. a. $4 \times 6 = 24$ b. $3 \times 5 = 15$
    $6 \times 4 = 24$ $5 \times 3 = 15$
    $24 \div 4 = 6$ $15 \div 5 = 3$
    $24 \div 6 = 4$ $15 \div 3 = 5$

  c. $7 \times 4 = 28$ d. $5 \times 4 = 20$
    $4 \times 7 = 28$ $4 \times 5 = 20$
    $28 \div 7 = 4$ $20 \div 5 = 4$
    $28 \div 4 = 7$ $20 \div 4 = 5$

2.

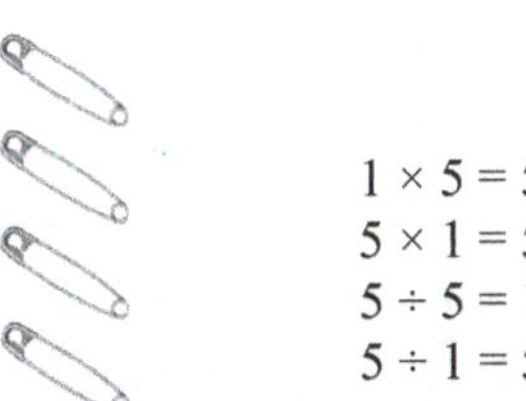

$1 \times 5 = 5$
$5 \times 1 = 5$
$5 \div 5 = 1$
$5 \div 1 = 5$

3. Student illustrations vary but should show a 3 by 6 or 6 by 3 array.

$3 \times 6 = 18$
$6 \times 3 = 18$
$18 \div 3 = 6$
$18 \div 6 = 3$

4.

a. $7 \times 5 = 35$
   $5 \times 7 = 35$
   $35 \div 7 = 5$
   $35 \div 5 = 7$
	b. $8 \times 9 = 72$
	    $9 \times 8 = 72$
	    $72 \div 8 = 9$
	    $72 \div 9 = 8$
		c. $12 \times 4 = 48$
		    $4 \times 12 = 48$
		    $48 \div 4 = 12$
		    $48 \div 12 = 4$

5. Seven rows.

6. I can find out how many trees there are in the orchard: $3 \times 5 = 15$ trees. I can find out how many mangos are in these trees, in total: $3 \times 15 = 15 + 15 + 15 = 45$. The trees have 45 mangos in total.

7. You can find out how many chairs were in each row. Since $5 \times 9 = 45$, there were 9 chairs in each row.

Multiplication and Division Fact Families, cont.

8. a. 9   b. 14   c. 5
   d. 8   e. 7   f. 35

9.

a.	b.	c.	d.
$18 \div 2 = \underline{\;9\;}$ $16 \div 2 = \underline{\;8\;}$ $24 \div 2 = \underline{12}$	$15 \div 3 = \underline{\;5\;}$ $18 \div 3 = \underline{\;6\;}$ $21 \div 3 = \underline{\;7\;}$	$40 \div 4 = \underline{10}$ $16 \div 4 = \underline{\;4\;}$ $36 \div 4 = \underline{\;9\;}$	$45 \div 5 = \underline{\;9\;}$ $55 \div 5 = \underline{11}$ $60 \div 5 = \underline{12}$

10.

a. Division table of six	b. Division table of seven	c. Division table of eight
$6 \div 6 = 1$	$7 \div 7 = 1$	$8 \div 8 = 1$
$12 \div 6 = 2$	$14 \div 7 = 2$	$16 \div 8 = 2$
$18 \div 6 = 3$	$21 \div 7 = 3$	$24 \div 8 = 3$
$24 \div 6 = 4$	$28 \div 7 = 4$	$32 \div 8 = 4$
$30 \div 6 = 5$	$35 \div 7 = 5$	$40 \div 8 = 5$
$36 \div 6 = 6$	$42 \div 7 = 6$	$48 \div 8 = 6$
$42 \div 6 = 7$	$49 \div 7 = 7$	$56 \div 8 = 7$
$48 \div 6 = 8$	$56 \div 7 = 8$	$64 \div 8 = 8$
$54 \div 6 = 9$	$63 \div 7 = 9$	$72 \div 8 = 9$
$60 \div 6 = 10$	$70 \div 7 = 10$	$80 \div 8 = 10$
$66 \div 6 = 11$	$77 \div 7 = 11$	$88 \div 8 = 11$
$72 \div 6 = 12$	$84 \div 7 = 12$	$96 \div 8 = 12$

Dividing Evenly into Groups, pp. 18-20

1. a. $12 \div 2 = 6$ b. $6 \div 2 = 3$ c. $10 \div 2 = 5$

2. a. $12 \div 3 = 4$ b. $6 \div 3 = 2$ c. $24 \div 3 = 8$

3. a. $8 \div 4 = 2$ b. $12 \div 4 = 3$ c. $20 \div 4 = 5$

4. a. $8 \div 2 = 4$ b. $10 \div 5 = 2$ c. $21 \div 3 = 7$

   d. $21 \div 1 = 21$ e. $30 \div 10 = 3$ f. $14 \div 2 = 7$

5. a. 5, 2, 8   b. 4, 10, 5   c. 4, 6, 8

6. See Games and Activities.

7.

a. $18 \div 3 = 6$ They each got six marbles.	b. $4 \times 7 = 28$ There was a total of 28 marbles.
c. $24 \div 6 = 4$ The pieces were 4 inches long.	d. $24 \div 3 = 8$ Each girl got 8 hairpins.

8. a. and b. Answers will vary. Please check the student's work. For example:
   a. Mary shared 20 apples evenly between four horses. How many apples did each horse get?
   b. Six children played together, and they had 24 toy cars in the game. They shared them evenly.
      How many cars did each child get?

1.

a. $90 \div 10 = 9$ Nine pages are full of stamps.	b. $12 \times 8 = 96$ She has 96 stamps.

2.

a. $4 \times 11 = 44$ There would be 44 children.	b. $12 \div 4 = 3$ You would need three taxis.
c. $10 \times 5 = 50$ There are 50 eggs.	d. $10 \div 5 = 2$ He used 2 bags.
e. $3 \times 5 = 15$ She can fit 15 bottles of juice.	f. $18 \div 3 = 6$ She will need six bags.
g. $36 \div 3 = 12$ Each one got 12 cherries.	h. $25 \div 5 = 5$ Each group had five students.
i. $7 \times 5 = 35$ There were 35 people.	j. $27 \div 3 = 9$ Each part was nine inches long.

More Word Problems, pp. 23-24

1. $(14 + 13) \div 3 = c$; $c = 9$. Each person got 9 cherries.

2. a. $C = (4 + 6 + 7 + 5) \div 2$. $C = 11$. Mom used 11 containers.
   b. $C = 4 \times 12 + 7$. $C = 55$. There are 55 crayons.
   c. $x = 7 \times 10 + 8$. $x = 78$. There are 78 chairs.

3.

a. $20 \div 2 = 10$ or $2 \times 10 = 20$ She filled ten jars.	b. $3 \times 7 = 21$ She spent 21 hours in total.
c. $24 \div 8 = 3$ or $3 \times 8 = 24$ She can make three omelets.	d. $60 \div 12 = 5$ or $5 \times 12 = 60$ You will need five boxes.

4. a. You can find out how many vans are needed. $20 \div 5 = 4$ or $4 \times 5 = 20$. Four vans are needed.
   b. You can find out how many hairpins Erica has in total. $4 \times 20 = 80$. She has 80 pins.
   c. You can find out how many small poster boards Brian needs to make the two big ones. $2 \times 4 = 8$.
      He needs 8 small poster boards.
   d. You can find out how many marbles are in each row. $30 \div 5 = 6$. There are six marbles in each row.

Zero in Division, pp. 25-26

1.

a. $4 \div 1 = 4$ $4 \div 0 = $ ___	b. $14 \div 14 = 1$ $0 \div 0 = $ ___	c. $1 \div 1 = 1$ $7 \div 0 = $ ___	d. $0 \div 5 = 0$ $5 \div 5 = 1$
e. $0 \div 1 = 0$ $0 \div 4 = 0$	f. $0 \div 14 = 0$ $14 \div 0 = $ ___	g. $0 \div 3 = 0$ $0 \div 1 = 0$	h. $10 \div 10 = 1$ $1 \div 1 = 1$

Zero in Division, cont.

2.

a. $6 \times 1 = 6$ $6 \div 1 = 6$	b. $0 \times 8 = 0$ $0 \div 8 = 0$	c. $5 \times 7 = 35$ $35 \div 7 = 5$
d. $10 \times 11 = 110$ $110 \div 11 = 10$	e. $1 \times 1 = 1$ $1 \div 1 = 1$	f. $1 \times 8 = 8$ $8 \div 8 = 1$
g. $0 \times 0 = 0$ not possible	h. $5 \times 9 = 45$ $45 \div 9 = 5$	i. $9 \times 0 = 0$ not possible

3. a. How many cars did each boy get?
   $18 + 7 + 11 = 36.$ $36 \div 3 = 12.$ Each boy got 12 cars.

b. How much did she pay them in total?
   $5 \times 10 + 15 = \$65.$ She paid them \$65 in total.

Puzzle corner:
a. no solutions
b. Any number is a solution (there are an infinite number of solutions)
c. & d. No solutions.

Division Practice, pp. 27-29

1.

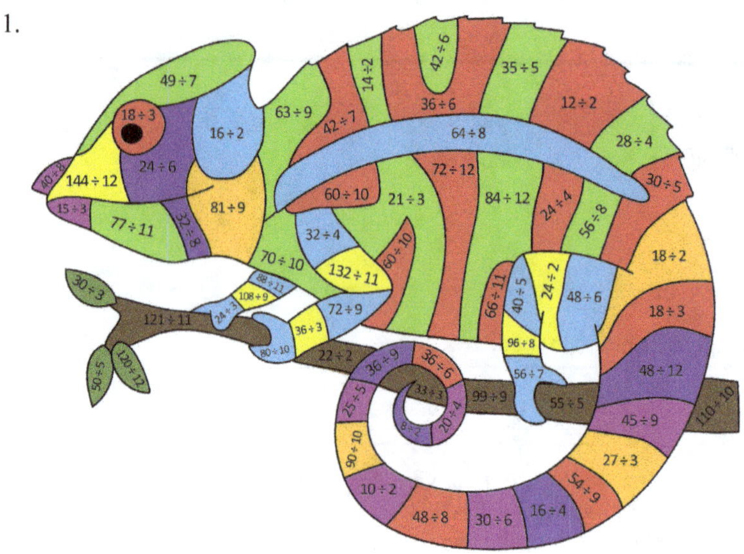

2. See Games and Activities.

3. a. How many days will it take him to read the books?
   $32 + 40 = 72.$ $72 \div 12 = 6.$

b. How many pieces will Kelly get?
   $80 \div 20 = 4$ and $40 \div 20 = 2.$ $4 + 2 = 6.$ She gets 6 pieces.

4.

a. $9 \div 1 = 9$ ~~$9 \div 0 =$~~	b. $0 \div 20 = 0$ ~~$20 \div 0 =$~~	c. $11 \div 1 = 11$ ~~$8 \div 0 =$~~	d. ~~$0 \div 0$~~ $0 \div 10 = 0$

5.

a. $30 \div 6 = 5$ Each bag had 5 kg.	b. $4 \div 4 = 1$ Each glass had one cup of milk.
c. $6 \times 7 = 42$ They can take 42 passengers.	d. $56 \div 7 = 8$ You need eight taxis.

6. Student equations will vary. For example: $3 \times 12 + E = 41$, or $36 + E = 41$ or $E = 41 - 36.$ $E = 5.$
   The carton that was not full had 5 eggs.

7. a. 8, 6, 7   b. 8, 12, 9   c. 45, 81, 99   d. 7, 10, 4

8.

a. 20 ÷ 2 = 10 22 ÷ 2 = 11 24 ÷ 2 = 12 26 ÷ 2 = 13 28 ÷ 2 = 14 30 ÷ 2 = 15 32 ÷ 2 = 16 34 ÷ 2 = 17	b. 40 ÷ 20 = 2 80 ÷ 20 = 4 120 ÷ 20 = 6 160 ÷ 20 = 8 200 ÷ 20 = 10 240 ÷ 20 = 12 280 ÷ 20 = 14 320 ÷ 20 = 16	c. 45 ÷ 5 = 9 55 ÷ 5 = 11 65 ÷ 5 = 13 75 ÷ 5 = 15 85 ÷ 5 = 17 95 ÷ 5 = 19 105 ÷ 5 = 21 115 ÷ 5 = 23

9. a. 4   b. 50   c. 6
   d. 49   e. 8   f. 40

Puzzle corner: There are many possible answers. These are just some examples.

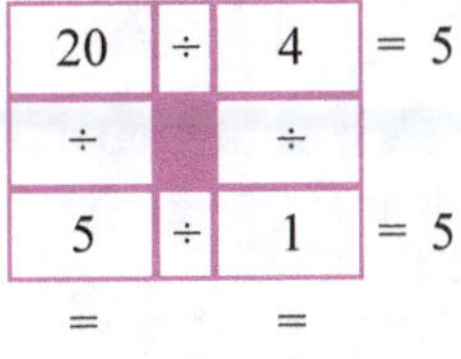
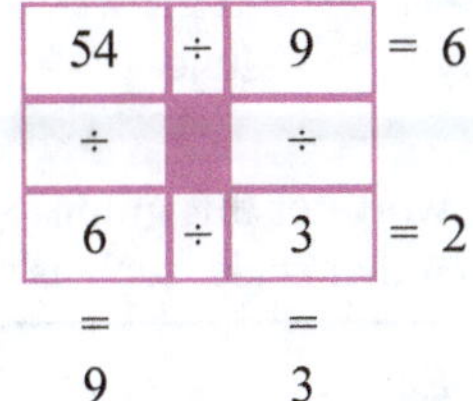

Missing Numbers, pp. 30-31

1. a. 6   b. 4   c. 20   d. 70

2. a. 4   b. 7   c. 7   d. 9
   e. 9   f. 7   g. 8   h. 48

3. a. 28   b. 9   c. 12   d. 121

4.

a. 12 ÷ 2 = <u>6</u> <u>6</u> × 2 = 12	b. <u>22</u> ÷ 2 = <u>11</u> <u>11</u> × 2 = 22	c. 16 ÷ <u>2</u> = <u>8</u> or 16 ÷ <u>8</u> = <u>2</u> <u>8</u> × 2 = 16
d. <u>24</u> ÷ <u>3</u> = 8 8 × 3 = <u>24</u>	e. 32 ÷ 4 = <u>8</u> <u>8</u> × 4 = <u>32</u>	f. <u>25</u> ÷ 5 = 5 <u>5</u> × 5 = <u>25</u>

5. a. 6, 8, 8   b. 11, 12, 9   c. 10, 8, 5

6. a. $x = 14$ b. $y = 30$ c. $s = 28$
   d. $v = 10$ e. $w = 7$ f. $z = 7$

7. b. 30 ÷ 5 = 6. Each plate had six grapes.
   c. 20 ÷ 4 = 5. He made five stacks.
   d. 3 × 20 = 60. Ken read 60 pages.
   e. 30 ÷ 3 = 10. Each child planted 10 plants.

Bar Graphs, pp. 32-35

1. a. Who read the most books? <u>Emilia</u>   How many? <u>18</u>
   b. The child that read the most books read <u>10</u> more books than the child
      that read the least.
   c. How many more books did Grayson read than Owen? <u>3 books</u>
   d. How many more books did Emilia read than Ava? <u>6 books</u>
   e. Who read more, Nora and Ava together or Oliver and Finn together?
      <u>Oliver and Finn</u>. (They read 22 books together.)
   f. Altogether, Emilia, Violet, Nora, and Ava read <u>54</u> books.

2.

Month	Dogs sold
March	15
April	25
May	20
June	30
July	20
Total	110

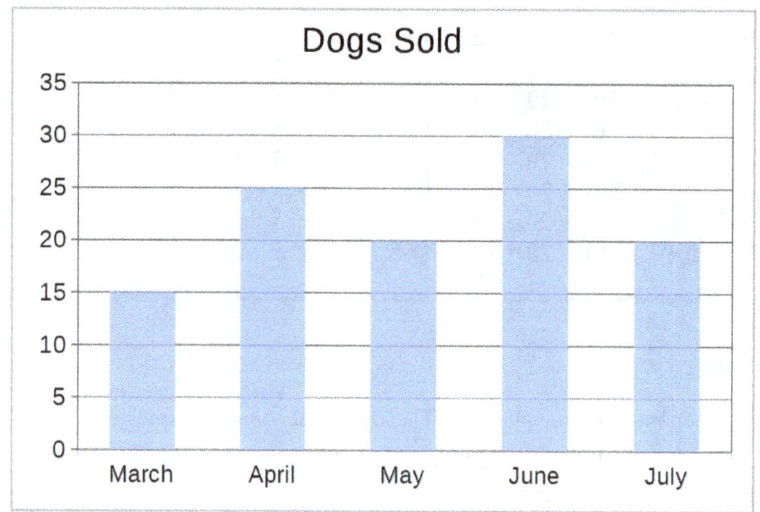

3. Graphs will vary; check the student's graph. A scale of 1 or 2 does not work for this graph. Since the largest number is 21, a scale of 3 works well. But a student could choose some other scale, such as a scale of 4.

Name	Cans of cat food
Luna	15
Simba	11
Oliver	16
Leo	21
Total	63

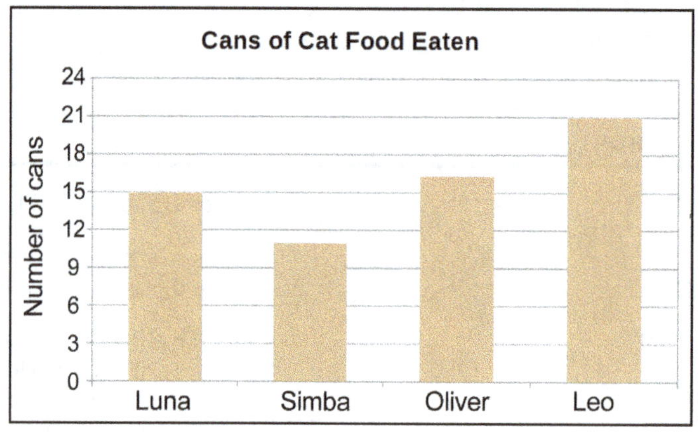

4. a. Luna ate __4__ more cans than Simba.
   b. Luna & Simba ate __5__ more cans than Leo.
   c. He ate __10__ more cans.
   d. This question is just to help the student learn to think. Check if their answer sounds reasonable.
      Examples: Leo is larger than the other cats, or Leo is more active than the other cats.

5. Graphs will vary; check the student's graph. Since the largest number is 30, a scale of 4 works well. But a student could choose some other scale, such as a scale of 5.

Child	Seashells
Olivia	24
Emma	8
Sofia	30
Liam	14
Aiden	19
Total	95

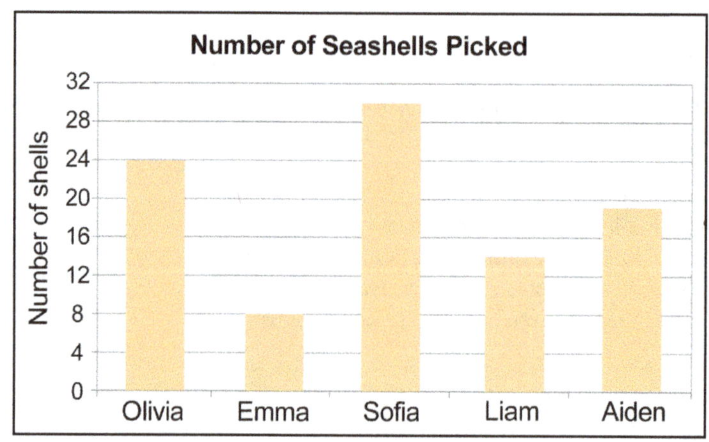

Bar Graphs, cont.

6. Graphs will vary; check the student's graph. Since the largest number is 90, a scale of 10 works well.

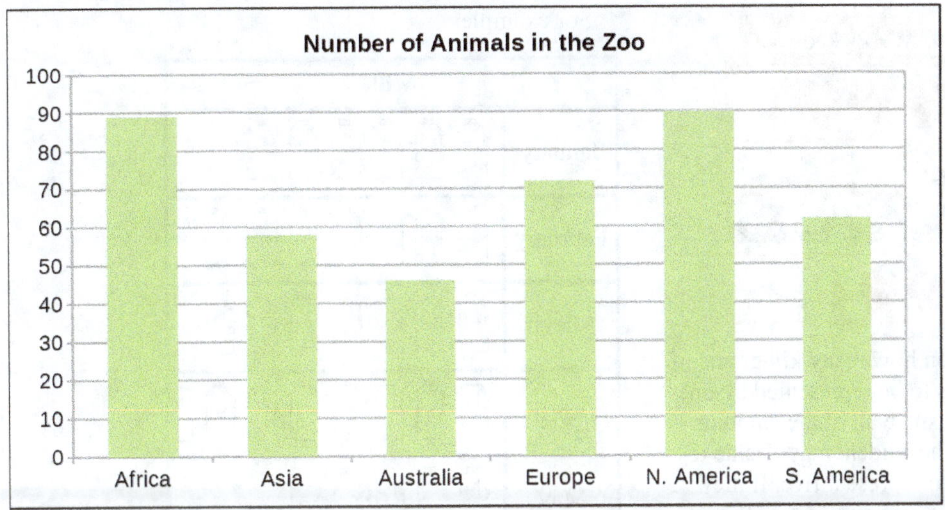

7.

Day	Mon	Tues	Wed	Thurs	Fri	Sat
Bottles of water	about 30	about 40	about 40	about 40	about 50	about 70

  a. about <u>40 more</u> bottles of water
  b. about <u>120</u> bottles of water on Friday and Saturday; about <u>150</u> bottles of water on the other four days

8. Graphs will vary; check the student's graph. Since the largest number is 100, a scale of 10 works well.
The bars could also be two blocks wide instead of one. Check that the graph matches the table in the worktext.

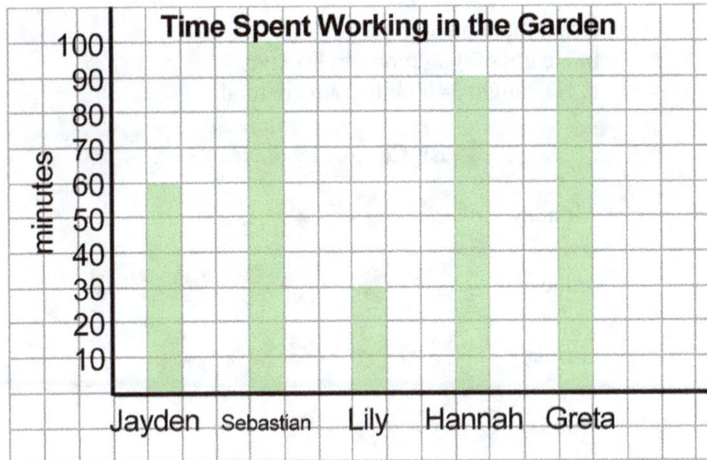

Pictographs, pp. 36-38

1. a. Ava picked <u>16</u> more flowers.
  b. Sofia and Ava picked <u>40</u> together.
  c. Both Oliver & Liam and Sofia & Ava picked the same amount — 40 flowers, together.

2.

3. Pictographs may vary, based on how many kilograms of vegetables the student chooses to be represented by one carrot. Now, 5 kg works well, since all of the amounts are evenly divisible by five. The student may decide to use 10, and draw half carrots to represent five. If they choose a smaller number than 5, encourage the student to think of a number they could use to save time by not having to draw as many carrots.

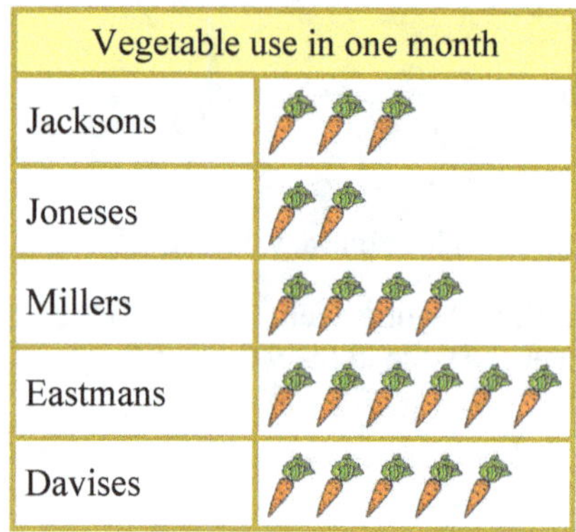

= __5__ kg of vegetables

4. a. 15 kg more
   b. 5 kg more
   c. 75 kg total

5. Answers will vary. The pictograph below uses one picture to mean 4 packages. The student may use one picture to signify 2 packages.

Hall Family Packages	
Mom	
Dad	
Isabella	
Cayden	

Key: = 4 packages

6. Answers will vary; check the student's pictograph. For example:

Milk	
January	
February	
March	
April	
May	
June	

Key: = 2 liter

7. In the first three months of the year, the family consumed 39 liters, and in the following three months they consumed 36 liters. So, in the first three months they consumed 3 more liters than in the next three months.

8. a. Example pictograph:
   b. He got 400 kg more on Friday.
   c. He caught 3400 kilograms in total.

Fish Caught by Jack	
Monday	
Wednesday	
Friday	
Sunday	

= 200 kg of fish

1.

a. Divide 14 bananas among 3 people.

Each person gets _4_ bananas and _2_ bananas are left over.

4 R2

b. Divide 14 carrots among 3 people.

Each person gets _4_ carrots and _2_ carrots are left over.

_4_ R _2_

c. Divide 8 pears among 5 people.

Each person gets _1_ pear and _3_ pears are left over.

_1_ R _3_

d. Divide 14 apples among 4 people.

Each person gets _3_ apples and _2_ apples are left over.

_3_ R _2_

e. Divide 15 hens into 6 boxes.

Each box has _2_ hens, and _3_ hens are left over.

_2_ R _3_

f. Divide 9 fish between 2 people.

Each person gets _4_ fish and _1_ fish is left over.

_4_ R _1_

2.

a. Divide into groups of 3.

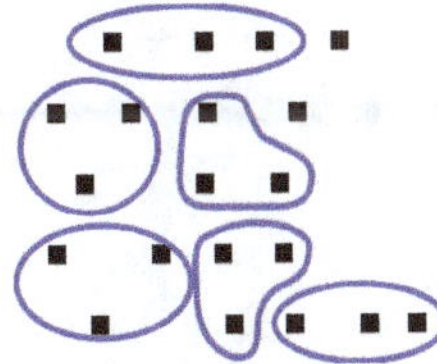

_6_ groups

_2_ dot(s) left over

b. Divide into groups of 4.

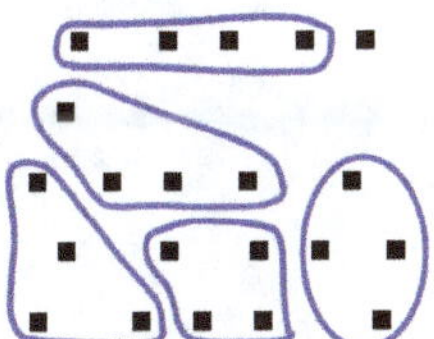

_5_ groups

_1_ dot(s) left over

c. Divide into groups of 6.

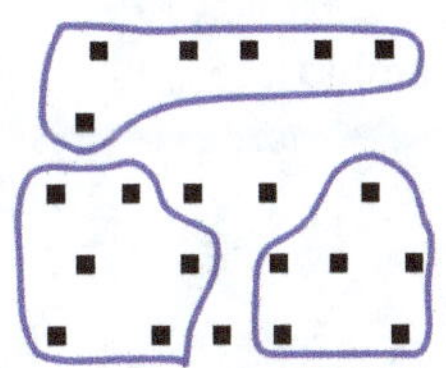

_3_ groups

_3_ dot(s) left over

d. Divide into groups of 5.

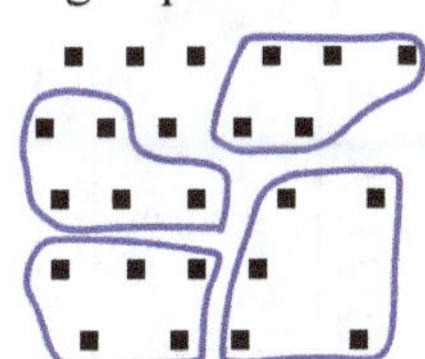

_4_ groups

_4_ dot(s) left over

When Division Is Not Exact, cont.

3.

a. Make 3 groups.	b. Make 3 groups.	c. Make 4 groups.
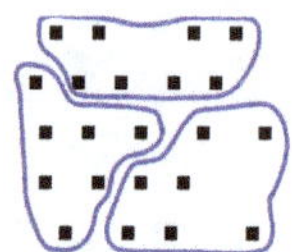	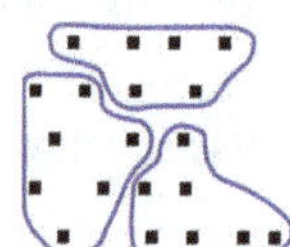	
2 groups of 7 1 group of 8	1 group of 6 2 groups of 7	2 groups of 3 2 groups of 4

4. a. You will get four vases. b. Each family gets five bottles, and two are left over.
   c. Four cartons are full.   d. They could each get four and split the remaining cookie in half.
   e. Each got three rolls. Five were left.   f. Make three groups of eight and one group of seven.

Review, pp. 42-43

1. a. $2 \times 6 = 12$; $12 \div 6 = 2$ b. $3 \times 5 = 15$; $15 \div 5 = 3$

2.

a.	b.	c.	d.
$36 \div 6 = 6$	$36 \div 3 = 12$	$56 \div 7 = 8$	$0 \div 9 = 0$
$3 \div 3 = 1$	$60 \div 6 = 10$	$72 \div 9 = 8$	$16 \div 16 = 1$
$4 \div 1 = 4$	$54 \div 9 = 6$	$100 \div 10 = 10$	$12 \div 1 = 12$

3.

a.	b.	c.
$7 \times 6 = 42$	$8 \times 1 = 8$	$7 \times 7 = 49$
$6 \times 7 = 42$	$1 \times 8 = 8$	$7 \times 7 = 49$
$42 \div 6 = 7$	$8 \div 8 = 1$	$49 \div 7 = 7$
$42 \div 7 = 6$	$8 \div 1 = 8$	$49 \div 7 = 7$

4. a. 6   b. 20   c. 9   d. 9

5.

a. $6 \times 0 = 0$ $0 \div 6 = 0$ $6 \div 0$	b. $1 \times 9 = 9$ $9 \div 1 = 9$ $9 \div 9 = 1$	c. $0 \times 0 = 0$ $0 \div 0$

6. a. $6 \times 8 = 48$ She has 48 crayons.   b. $24 \div 6 = 4$ There were four groups of six children.
   c. $48 \div 6 = 8$ She had eight bags of cookies.   d. $4 \times 3 = 12$ or $12 \div 3 = 4$. She wrote 4 invitations.

7. a. Student graphs will vary since the scaling on the vertical axis is chosen by the student.

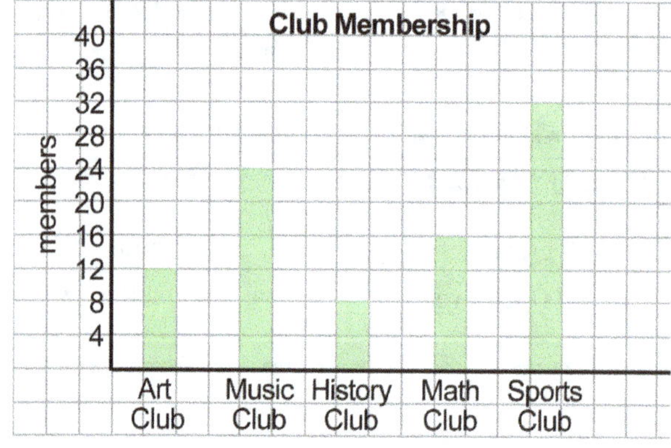

   b. There are 16 more students in the sports club than in the math club.
   c. There are 68 students in total.

Math Mammoth has a variety of resources to fit your needs. All are available as economical downloads, and most also as printed copies.

- **Math Mammoth Light Blue Series**
  A complete curriculum for grades 1-7. Each grade level includes two student worktexts (A and B), which contain all the instruction and exercises all in the same book, answer keys, tests, cumulative reviews, and a worksheet maker. International (all metric), Canadian, and South African versions are also available.

  https://www.MathMammoth.com/complete-curriculum

  https://www.MathMammoth.com/international/international

  https://www.MathMammoth.com/canada/

  https://www.MathMammoth.com/south_africa/

- **Math Mammoth Skills Review Workbooks**
  These workbooks are intended to be used alongside the Light Blue series full curriculum, and they provide additional review to the topics studied in the main curriculum, in a spiral manner.
  https://www.MathMammoth.com/skills_review_workbooks/

- **Math Mammoth Blue Series**
  Blue Series books are topical worktexts for grades 1-8, containing both instruction and exercises. They cover all elementary math topics from 1st through 7th grade and some for 8th grade. These books are not tied to grade levels, and are thus great for filling in gaps.
  https://www.MathMammoth.com/blue-series

- **Make It Real Learning**
  These activity workbooks concentrate on answering the question, "Where is math used in real life?" The series includes various workbooks for grades 3-12.
  https://www.MathMammoth.com/worksheets/mirl/

- **Review Workbooks**
  Workbooks for grades 1-7 that provide a comprehensive review of one grade level of math—for example, for review during school break or summer vacation.
  https://www.MathMammoth.com/review_workbooks/

Free gift!

- Receive over 350 free sample pages and worksheets from my books, plus other freebies:
  https://www.MathMammoth.com/worksheets/free

Lastly...

- Inspire4 is an inspirational website for the whole family I've been privileged to help with:
  https://www.inspire4.com